DIE 2000 WICHTIGSTEN WÖRTER

Spanisch

Basiswortschatz

Carmen de Miguel

Compact Verlag

Chefredaktion: Dr. Angela Sendlinger
Redaktion: Patrizia Ginocchio
Fachredaktion: Montserrat Varela
Produktion: Wolfram Friedrich
Gestaltung: Axel Ganguin
Umschlaggestaltung: Axel Ganguin
Titelfotos: Lidman Production, Stockholm; IFA-Bilderteam, Compact Verlag

ISBN 978-3-8174-7621-3
7276212

Besuchen Sie uns im Internet: www.compactverlag.de

Die 2000 wichtigsten Wörter Spanisch richten sich an alle, die ihre Spanischkenntnisse schnell erweitern oder wieder auffrischen wollen. Ob Freizeit und Hobby, Essen und Trinken oder Kommunikation und Verkehr: In 22 thematisch gegliederten Kapiteln finden Sie den wichtigsten Wortschatz und interessante Redewendungen aus allen Bereichen des täglichen Lebens. Zahlreiche Beispielsätze geben Aufschluss über die korrekte Verwendung der Vokabeln. Innerhalb der Kapitel gibt es Infokästen zu sprachlichen und landeskundlichen Besonderheiten. Darüber hinaus erfahren Sie, von welchen „falschen Freunden" Sie sich im Spanischen nicht täuschen lassen dürfen.

Am Ende der Wortschatzkapitel finden Sie eine Liste der wichtigsten unregelmäßigen Verben. Ein alphabetisches Register aller spanischen Stichwörter erleichtert das gezielte Auffinden.

Die nutzerorientierte Gliederung, das handliche Format, die Ausspracheangaben in der internationalen Lautschrift und die ansprechende zweifarbige Gestaltung machen diesen Basiswortschatz zu einem praktischen Nachschlagewerk und einem unverzichtbaren Begleiter.

Viel Spaß und Erfolg beim Spanischlernen!

Autoren und Redaktion

Abkürzungsverzeichnis

fam	umgangssprachlich
fig	bildlich
f	weiblich
m	männlich
sg	Singular
pl	Plural
jmd	jemand

LAUTSCHRIFT-ÜBERSICHT

Konsonanten

Ball	b	boca
	ƀ	abusar
dort	d	dinero
	đ	nudo
fliehen, vor	f	fiesta
geben	g	ganar
	ǥ	lugar
jeder, Million	j	yerno
Kamm, Chor	k	caso
Lob	l	lengua
Familie	ʎ	desarrollo
Maus	m	mayo
nehmen	n	nada
Champagner	ɲ	sueño
angeln, links	ŋ	banco
Post	p	punto
Rand	r	pero
	rr	torre
besser, Ruß	s	mesa
treten, Pfad	t	toro
	w	huevo
Nacht	x	jefe
Hose	z	fantasma
	θ	civil, zumo
	ð	gozne

Diphthonge und Konsonantengruppen

	tʃ	leche

Vokale

blass	a	dama
egal	e	meter
hätte, fett	ɛ	meter
Vitamin	i	niño
	ĭ	vaina
Moral	o	poco
von	ɔ	orden
Zunge	u	uno
	ŭ	deuda

Nur bei Fremdwörtern aus dem Englischen

Server	ɜː
online	ɒ
Homepage	əʊ

INHALTSVERZEICHNIS

LEBEN UND WOHNEN

1. Haus

el edificio [eđi'fiθĭo]	Gebäude
El edificio que buscas es enorme y tiene una fachada acristalada.	Das Gebäude, das du suchst, ist riesig und hat eine Glasfront.
construir [kɔnstru'ir]	bauen
la casa ['kasa]	Haus
el tejado [te'xađo]	Dach
la pared [pa'red]	Mauer, Wand
la entrada [en'trađa]	Eingang
La entrada está en la parte trasera del edificio.	Der Eingang ist auf der Rückseite des Hauses.
el hall [xɔl]	Hausflur
el garaje [ga'raxe]	Garage
El garaje está en el patio.	Die Garage befindet sich im Hinterhof.
el portal [pɔr'tal]	Tor
la puerta ['pwεrta]	Tür
La puerta estaba abierta de par en par.	Die Tür war sperrangelweit geöffnet.
el timbre ['timƀre]	Klingel
el buzón [bu'θɔn]	Briefkasten
Por favor eche el periódico en el buzón.	Bitte werfen Sie die Zeitung in den Briefkasten.
el interruptor de la luz [intεrrup'tɔr de la luθ]	Lichtschalter
la luz [luθ]	Licht
el piso ['piso]	Stockwerk, Etage
Mis padres viven en el quinto piso.	Meine Eltern wohnen in der fünften Etage.
la planta ['planta]	Stockwerk, Etage
el ascensor [asθen'sɔr]	Aufzug
Desafortunadamente la casa no tiene ascensor.	Leider hat das Haus keinen Aufzug.
la escalera [eska'lera]	Treppe
Tuve que subir las escaleras.	Ich musste die Treppen hinaufsteigen.

caja de la escalera ['kaxa de la eska'lera]	Treppenhaus
el sótano ['sotano]	Keller
la planta baja ['planta 'baxa]	Erdgeschoss

INFOKASTEN

Man sagt auch *bajo* für *planta baja* (Erdgeschoss). In spanischen Häusern gibt es außerdem oft eine *entreplanta* (Zwischenstock).

el ático ['atiko]	Dachgeschoss
el desván [dez'ƀan]	Speicher
Guardo el equipo de esquí en el desván.	Ich bewahre die Skiausrüstung auf dem Speicher auf.
el vecino [be'θino]	Nachbar
la llave ['ʎaƀe]	Schlüssel
el jardín [xar'đin]	Garten
la valla ['baʎa]	Zaun
la basura [ba'sura]	Müll, Abfall
el contenedor de basura [kɔntene'đɔr de ba'sura]	Mülltonne
Los contenedores de basura están justo detrás de la casa.	Die Mülltonnen stehen gleich hinter dem Haus.

2. Wohnung

el piso ['piso]	Wohnung
El piso tiene dos habitaciones y aseo separado.	Die Wohnung hat zwei Schlafzimmer und eine separate Toilette.
el pasillo [pa'siʎo]	Flur, Gang
la habitación [aƀita'θĭɔn]	Zimmer
el baño ['baɲo]	Badezimmer
el cuarto de baño ['kwarto de 'baɲo]	Toilette
el aseo [a'seo]	(Gäste-)Toilette
Nuestro piso tiene un aseo para visitas.	Unsere Wohnung hat eine Gästetoilette.

el comedor [kome'đɔr]	Esszimmer
el salón [sa'lɔn]	Wohnzimmer
el dormitorio [dɔrmi'torĭo]	Schlafzimmer
el cuarto de los niños ['kwarto de los 'niɲos]	Kinderzimmer
el despacho [des'patʃo]	Arbeitszimmer
la cocina [ko'θina]	Küche
La cocina está totalmente equipada.	Die Küche ist voll ausgestattet.
el (cuarto) trastero ['kwarto tras'tero]	Abstellkammer
Los utensilios de limpieza están en el trastero.	Die Putzsachen stehen in der Abstellkammer.
el balcón [bal'kɔn]	Balkon
la ventana [ben'tana]	Fenster
La ventana estaba abierta.	Das Fenster stand offen.
el suelo ['swelo]	Fußboden
El suelo está húmedo.	Der Fußboden ist feucht.
el techo ['tetʃo]	Decke
la calefacción [kalefak'θĭɔn]	Heizung
Aquí hace frío. ¿Está la calefacción encendida?	Es ist kalt hier. Ist die Heizung an?
la caja de enchufe ['kaxa de en'tʃufe]	Steckdose
el enchufe [en'tʃufe]	Stecker
mudarse [mu'đarse]	einziehen, ausziehen
Antes de mudarnos tuvimos que renovar la cocina.	Bevor wir umzogen, mussten wir die Küche renovieren.
la mudanza [mu'đanθa]	Umzug
el propietario [propĭe'tarĭo]	Eigentümer, Inhaber, Besitzer
el dueño ['dweɲo]	Eigentümer, Inhaber, Besitzer
Nuestro dueño ha subido el alquiler el mes pasado.	Unser Vermieter hat letzten Monat die Miete erhöht.
el alquiler [alki'lɛr]	Miete
alquilar [alki'lar]	mieten
renovar [rrɛno'ƀar]	renovieren
pintar [pin'tar]	streichen

3. Einrichtung

los muebles *pl* ['mweƀles]	Möbel
Los muebles son antiguos.	Die Möbel sind alt.
la cama ['kama]	Bett
la almohada [almo'ađa]	(Kopf-)Kissen
la sábana ['saƀana]	Bettlaken
la manta ['manta]	Bettdecke

INFOKASTEN

Zwar sind Steppdecken *(edredón)* in Spanien bekannt, traditionell werden aber Decken *(manta)* und Bettlaken *(sábana)* verwendet.

el armario [ar'marĭo]	Schrank
Los vasos están en el armario.	Die Gläser sind im Schrank.
la mesa ['mesa]	Tisch
Necesitamos una mesa para el comedor.	Wir benötigen einen Tisch für das Esszimmer.
la silla ['siʎa]	Stuhl
la lámpara ['lampara]	Lampe
la alfombra [al'fombra]	Teppich
la cortina [kɔr'tina]	Gardine
la estantería [estante'ria]	Regal
la vitrina [bi'trina]	Vitrine
El jarrón chino antiguo está en la vitrina.	Die antike chinesische Vase steht in der Vitrine.
la cómoda ['komođa]	Kommode
el cajón [ka'xɔn]	Schublade
Los calcetines están en el segundo cajón.	Die Socken sind in der zweiten Schublade.
el sofá [so'fa]	Sofa
el espejo [es'pɛxo]	Spiegel
el escritorio [eskri'torĭo]	Schreibtisch
el reloj [rrɛ'lox]	Uhr
el cuadro ['kwađro]	Bild
el marco ['marko]	Bilderrahmen
acogedor [akɔxe'đor]	gemütlich

4. Kleidung

la ropa ['rrɔpa]	Kleidung, Wäsche
Tengo que comprar ropa nueva.	Ich muss neue Kleidung kaufen.

INFOKASTEN

Achtung! *Ropa* wird generell im Singular verwendet, auch wenn man sich auf mehrere Kleidungsstücke bezieht. *No tengo ropa nueva.* Ich habe keine neue Kleidung.

el pantalón [panta'lɔn]	Hose
Se ha comprado un pantalón muy cómodo.	Er hat sich eine sehr bequeme Hose gekauft.

INFOKASTEN

Weil die Hose zwei Hosenbeine hat, sagt man anstatt *pantalón* auch oft *los pantalones.* Dasselbe gilt für *tijera* – eine Schere hat zwei Schneideflächen, deshalb wird oft *las tijeras* gesagt.

el bolsillo [bɔl'siʎo]	Tasche (Hose, Jacke, Mantel)
Tengo un agujero en el bolsillo.	Ich habe ein Loch in meiner Tasche.
el botón [bo'tɔn]	Knopf
A mi blusa le falta un botón.	An meiner Bluse fehlt ein Knopf.
la cremallera ['krema'ʎera]	Reißverschluss
la camisa [ka'misa]	Hemd
Tu camisa nueva me gusta mucho.	Dein neues Hemd gefällt mir sehr.
la manga ['maŋga]	Ärmel
el cuello ['kweʎo]	Kragen
El cuello es demasiado ancho.	Der Kragen ist zu weit.
la camiseta [kami'seta]	T-Shirt
la falda ['falda]	Rock
el vestido [bes'tiđo]	Kleid
Le gusta vestirse con vestidos a la moda.	Sie trägt gerne modische Kleider.
el dobladillo [dođla'điʎo]	Saum
la blusa ['blusa]	Bluse

el jersey [xεr'sej]	Pullover

INFOKASTEN

In Lateinamerika wird anstatt *jersey* das Wort *pulóver* gebraucht.

el traje ['traxe]	Anzug
Su traje era muy elegante.	Sein Anzug war sehr elegant.
el abrigo [a'ƀrigo]	Mantel
Hace frio. Me voy a poner mi abrigo de lana.	Es ist kalt. Ich werde meinen Wollmantel anziehen.
el vaquero [ba'kero]	Jeans

INFOKASTEN

Zu Jeans kann man *el vaquero* oder *los vaqueros* sagen. In Spanien wird im Gegensatz zu Lateinamerika das Wort *los jeans* nicht gebraucht.

la cazadora [kaθa'đora]	Jacke
la ropa interior ['rrɔpa inte'riɔr]	Unterwäsche
el calcetín [kalθe'tin]	Socke
las medias *pl* ['međĭas]	Strumpfhose
los pantys *pl* ['pantis]	Nylonstrümpfe
los zapatos *pl* [θa'patos]	Schuhe
las playeras *pl* [pla'jeras]	Turnschuhe

INFOKASTEN

Das Wort *playeras* ist ein Synonym für *zapatillas de deporte* (oder *zapatillas de tenis)* und wird auch im Maskulin gebraucht: *los playeros*.

las botas *pl* ['botas]	Stiefel
la moda ['mođa]	Mode
vestirse [bes'tirse]	sich anziehen
cómodo/a ['komođo/-a]	bequem
incómodo/a [iŋ'komođo/-a]	unbequem
ponerse [po'nεrse]	(sich) anziehen
Voy a ponerme la chaqueta.	Ich ziehe mir das Jackett an.
quedar [ke'đar]	passen, stehen
Este color te queda muy bien.	Diese Farbe steht dir sehr gut.

valer [ba'lɛr]	passen
La camisa no me vale.	Das Hemd passt mir nicht.
la talla ['taʎa]	Größe
Me gustaría probarme otra talla.	Ich würde gerne eine andere Größe anprobieren.
llevar puesto [ʎe'ƀar 'pwesto]	tragen
de moda [de 'mođa]	modisch
pasado de moda [pa'sađo de 'mođa]	altmodisch

5. Accessoires

los accesorios *pl* [akθe'sorĭos]	Accessoires
el bolso (de mano) ['bɔlso (de 'mano)]	Handtasche
He olvidado el móvil en el bolso.	Ich habe mein Handy in der Handtasche vergessen.
la bolsa ['bɔlsa]	Tasche, Tüte
Metió la ropa vieja en la bolsa.	Sie stopfte ihre alten Kleider in die Tüte.
el sombrero [sɔm'brero]	Hut
el/la gorro/a ['gɔrrɔ/a]	Mütze
la visera [bi'sera]	Kappe
la bufanda [bu'fanda]	Schal
el echarpe [e'tʃarpe]	Halstuch
el paraguas [pa'ragwas]	Regenschirm
la corbata [kɔr'ƀata]	Krawatte
No sabe hacer el nudo a la corbata.	Er weiß nicht, wie man eine Krawatte bindet.
el monedero [mone'đero]	Geldbeutel

INFOKASTEN

Männer bezeichnen ihren Geldbeutel oft als *cartera* anstatt *monedero*.

el pañuelo [pa'ɲwelo]	Taschentuch
las gafas *pl* ['gafas]	Brille
He roto mis gafas.	Ich habe meine Brille kaputt gemacht.

las gafas de sol *pl* ['gafas de sɔl]	Sonnenbrille
el reloj de pulsera [rrɛ'lox de pul'sera]	Armbanduhr
el billetero [biʎe'tero]	Brieftasche
el guante ['gwante]	Handschuh
el cinturón [θintu'ron]	Gürtel
Hay que apretarse el cinturón.	Man muss den Gürtel enger schnallen.
la horquilla [ɔr'kiʎa]	Haarspange
las joyas *pl* ['xojas]	Schmuck
el anillo [a'niʎo]	Ring
el collar [ko'ʎar]	Kette
la cadena [ka'đena]	Kette

INFOKASTEN

Cadena heißt allgemein Kette, nicht nur auf Schmuck bezogen. *Collar* bezieht sich auf jede Art von Halsschmuck. Es kann sowohl ein Synonym für *cadena* als auch ein einfaches Lederband oder eben ein Kollier sein.

la pulsera [pul'sera]	Armband, Armreif
el broche ['brotʃe]	Brosche
el pendiente [pen'dĭente]	Ohrring

6. Bad

la ducha ['dutʃa]	Dusche
ducharse [du'tʃarse]	(sich) duschen
Voy a ducharme para refrescarme.	Ich werde duschen, um mich zu erfrischen.
el (cuarto de) baño [('kwarto de) 'baɲo]	Bad(ezimmer), Toilette

INFOKASTEN

Für Toilette gibt es auf Spanisch mehrere Bezeichnungen: *El baño, el lavabo, el servicio* oder sogar *el water*. *El aseo* ist generell Gästetoilette. In öffentlichen Einrichtungen tragen Damentoiletten die Aufschrift *señoras*, Herrentoiletten die Aufschrift *caballeros*.

la bañera [ba'ɲera]	Badewanne
bañarse [ba'ɲarse]	baden
el lavabo [la'ƀaƀo]	Waschbecken, Toilette
la toalla [to'aʎa]	Handtuch
el jabón [xa'ƀɔn]	Seife
El jabón resbaló y cayó debajo del lavabo.	Die Seife rutschte unter das Waschbecken.
el cepillo de dientes [θe'piʎo de 'đi̯entes]	Zahnbürste
la pasta dentífrica ['pasta den'tifrika]	Zahnpasta
lavarse [la'ƀarse]	sich waschen
¡Lávate la cara!	Wasch dir das Gesicht!
afeitarse [afɛi̯'tarse]	sich rasieren
Juan se lavó, se afeitó y se vistió.	Juan wusch sich, rasierte sich und zog sich an.
el peine ['pɛi̯ne]	Kamm
peinarse [pɛi̯'narse]	sich kämmen
María se está peinando su cabello negro.	Maria kämmt sich gerade ihr schwarzes Haar.
el cepillo [θe'piʎo]	Bürste
el secador [seka'đɔr]	Fön
el desodorante [desođo'rante]	Deo
la cuchilla de afeitar [ku'tʃiʎa de afɛi̯'tar]	Rasierklinge
la maquinilla de afeitar [maki'niʎa de afɛi̯'tar]	Rasierapparat
la crema ['krema]	Creme
la loción [lo'θi̯ɔn]	Lotion
el gel de baño [xɛl de 'baɲo]	Duschgel
el maquillaje [maki'ʎaxe]	Make-up
maquillarse [maki'ʎarse]	sich schminken
la toallita desmaquilladora [to'aʎita desmakiʎa'đora]	Kosmetiktuch
el papel higiénico [pa'pɛl i'xi̯eniko]	Toilettenpapier
Se ha acabado el papel higiénico.	Das Toilettenpapier ist zu Ende gegangen.

7. Küche und Küchenutensilien

la cocina [ko'θina]	Herd, Küche
No olvides apagar la cocina cuando salgas de casa.	Vergiss nicht den Herd auszustellen, bevor du aus dem Haus gehst.
el horno ['ɔrno]	Ofen
el frigorífico [frigo'rĭfiko]	Kühlschrank
La cerveza está en el frigorífico.	Das Bier steht im Kühlschrank.
el armario de cocina [ar'marĭo de ko'θina]	Küchenschrank
el (arcón) congelador [(ar'kon) kɔŋxela'đɔr]	Tiefkühltruhe
el microondas [mikro'onđas]	Mikrowelle
el fregadero [frega'đero]	Spülbecken
la cazuela [ka'θwela]	Topf
la tapadera [tapa'đera]	Deckel
la sartén [sar'ten]	Pfanne
Tengo que comprar un juego nuevo de sartenes.	Ich muss ein neues Pfannenset kaufen.
el colador [kola'đɔr]	Sieb
el bol [bol]	Schüssel
la cuchara para cocinar [ku'tʃara 'para koθi'nar]	Kochlöffel
el abrelatas [aƀre'latas]	Dosenöffner
la lata ['lata]	Dose
No me gusta la cerveza de lata.	Ich mag kein Bier aus der Dose.
el abrebotellas [aƀreƀo'teʎas]	Flaschenöffner
el sacacorchos [saka'kɔrtʃos]	Korkenzieher
la paja ['paxa]	Strohhalm

8. Haushalt

las tareas *pl* **del hogar** [ta'reas del o'gar]	Haushalt, Hausarbeit
el ama de casa *f* ['ama de 'kasa]	Hausfrau
la plancha ['plantʃa]	Bügeleisen

planchar [plan'tʃar]	bügeln
Déjame planchar la camisa. Está muy arrugada.	Lass mich dein Hemd bügeln. Es ist ganz verknittert.
el/la aspirador/a [aspira'đɔr/-a]	Staubsauger
pasar el/la aspirador/a [pa'sar el/la aspira'đɔr/-a]	staubsaugen
barrer [ba'rrɛr]	fegen
fregar [fre'gar]	wischen
secar [se'kar]	abwischen, abtrocknen
el polvo ['pɔlƀo]	Staub
pasar el polvo [pa'sar el 'pɔlƀo]	abstauben
La mujer de la limpieza ha pasado el polvo a las estanterías y ha fregado el suelo.	Die Putzfrau hat die Regale abgestaubt und den Boden gewischt.
fregar los platos *pl* [fre'gar 'los 'platos]	abwaschen
el lavavajillas [laƀaƀa'xiʎas]	Geschirrspülmaschine

INFOKASTEN

In Lateinamerika sagt man zu Geschirrspülmaschine auch *el lavaplatos.*

la lavadora [laƀa'đora]	Waschmaschine
la colada [ko'lađa]	Wäsche
Antes de ir a comprar tengo que hacer la colada.	Bevor wir einkaufen gehen, muss ich noch die Wäsche waschen.
el producto de limpieza [pro'đukto de lim'pĭeθa]	Putzmittel
el trapo ['trapo]	Putzlappen
la escoba [es'koƀa]	Besen
el cubo ['kuƀo]	Eimer (auch Würfel)
ordenar [ɔrđe'nar]	aufräumen
Estoy ordenando la casa.	Ich räume gerade das Haus auf.
limpiar [lim'pĭar]	putzen
Estoy limpiando el piso.	Ich putze gerade die Wohnung.
limpio/a ['limpĭo/-ĭa]	sauber
sucio/a ['suθĭo/-ĭa]	schmutzig
la papelera [pape'lera]	Papierkorb

la mancha ['mantʃa]	Fleck
Tu vestido nuevo está lleno de manchas.	Dein neues Kleid ist voller Flecken.
el agujero [agu'xero]	Loch
ordenado/a [ɔrđe'nađo/-a]	ordentlich
El piso está siempre limpio y ordenado.	Die Wohnung ist immer sauber und ordentlich.
desordenado/a [desɔrđe'nađo/-a]	unordentlich
¡José es muy desordenado!	José ist sehr unordentlich!
el desorden [des'ɔrđen]	Unordnung, Durcheinander
¡Vaya desorden!	Was für ein Durcheinander!

INFOKASTEN

Viele Hausarbeiten werden auf Spanisch mit dem Verb *pasar* umschrieben: *pasar la escoba* (kehren), *pasar el polvo* (Staub wischen), *pasar la/el aspirador/a* (staubsaugen). Oft werden auch die Verben *poner* und *hacer* gebraucht: *hacer la cama* (das Bett machen), *hacer la comida* (Essen machen, kochen), *poner la mesa* (Tisch decken), *poner la ropa* (Wäsche aufhängen).

9. Gebrauchsgegenstände

la(s) tijera(s) *pl* [ti'xera(s)]	Schere
Las tijeras no cortan bien, están despuntadas.	Die Schere schneidet nicht gut, sie ist stumpf.
el lápiz ['lapiθ]	Bleistift
el bolígrafo [bo'ligrafo]	Kugelschreiber
¿Me das tu bolígrafo?	Gibst du mir deinen Kugelschreiber?
el bloc de notas [blɔk de 'notas]	Notizblock
el clip [klip]	Büroklammer
la cinta adhesiva ['θinta ađe'siƀa]	Klebeband
Vamos a pegar el poster en la pared con cinta adhesiva.	Lass uns diese Poster mit Klebeband an der Wand befestigen.
el pegamento [pega'mento]	Klebstoff
Sin pegamento las fotos no van a quedar fijas en el álbum.	Ohne Klebstoff werden die Fotos nicht im Album kleben bleiben.

la perforadora de papel [pɛrfora'đora de pa'pɛl]	Locher
la goma de borrar ['goma de bɔ'rrar]	Radiergummi
el sacapuntas [saka'puntas]	Bleistiftspitzer
la grapadora [grapa'đora]	Hefter, Tacker
el papel [pa'pɛl]	Papier
el folio ['folĭo]	Blatt Papier
Necesito un folio limpio.	Ich brauche ein sauberes Blatt Papier.
la calculadora [kalkula'đora]	Taschenrechner
la pizarra [pi'θarra]	Brett, Tafel
He pegado la lista de la compra en la pizarra.	Ich habe die Einkaufsliste ans Brett geheftet.
el material de costura [mate'rĭal de kɔs'tura]	Nähzeug
el alfiler [alfi'lɛr]	Stecknadel
el imperdible [imper'điƀle]	Sicherheitsnadel
la pinza de la ropa ['pinθa de la 'rrɔpa]	Wäscheklammer
la caja ['kaxa]	Schachtel, Kiste
Guardo mis joyas en una caja debajo de la cama.	Ich hebe meinen Schmuck in einer Schachtel unter dem Bett auf.
la aguja [a'guxa]	Nähnadel
el cordón [kɔr'đɔn]	Schnur
la cerilla [θe'riʎa]	Streichholz
¿Tienes cerillas?	Hast du Streichhölzer?
el encendedor [enθende'đɔr]	Feuerzeug
la vela ['bela]	Kerze
la linterna [lin'tɛrna]	Taschenlampe

10. Reparieren

la caja de herramientas ['kaxa de ɛrra'mĭentas]	Werkzeugkasten
La caja de herramientas está en el ático.	Der Werkzeugkasten ist im Dachgeschoss.

la herramienta [εrra'mĭenta]	Werkzeug
el artesano [arte'sano]	Handwerker
el martillo [mar'tiʎo]	Hammer
la(s) tenaza(s) *pl* [te'naθa(s)]	Zange
el taladro [ta'lađro]	Bohrer
el destornillador [destɔrniʎa'đɔr]	Schraubenzieher
Sin un destornillador no puedo sacar el tornillo.	Ohne einen Schraubenzieher kann ich die Schrauben nicht entfernen.
el clavo ['klaƀo]	Nagel
el tornillo [tɔr'niʎo]	Schraube
el gancho ['gantʃo]	Haken
la sierra ['sĭεrra]	Säge
montar [mɔn'tar]	aufbauen, montieren
Para montar la estantería primero tienes que leer las instrucciones.	Um das Regal aufzubauen, musst du zuerst die Anleitung lesen.
desmontar [dezmɔn'tar]	zerlegen
reparar [rrεpa'rar]	reparieren

11. Einkaufen

comprar [kɔm'prar]	kaufen
hacer la compra [a'θer lɑ 'komprɑ]	einkaufen

INFOKASTEN

Hacer la compra heißt normalerweise für den täglichen Bedarf einkaufen gehen. *Ir de compras* bedeutet bummeln gehen.

vender [ben'dεr]	verkaufen
el/la vendedor/a [bende'đσr/-a]	Verkäufer/in
la lista de la compra ['lista de 'kɔmpra]	Einkaufsliste
La lista de la compra es demasiado larga.	Die Einkaufsliste ist viel zu lang.
anotar [ano'tar]	aufschreiben
la tienda ['tĭenda]	Geschäft

el centro comercial ['θentro]	Einkaufszentrum
el supermercado [supεrmεr'kađo]	Supermarkt
la panadería [panađe'ria]	Bäckerei
la carnicería [karniθe'ria]	Metzgerei, Fleischerei
He comprado dos chuletas de lomo en la carnicería.	Ich habe zwei Lendensteaks in der Metzgerei gekauft.
la tintorería [tintore'ria]	Reinigung
¿Por favor puedes recoger mi traje en la tintorería?	Kannst du bitte meinen Anzug von der Reinigung abholen?
el zapatero [θapa'tero]	Schuster
el gran almacén [gran alma'θen]	Kaufhaus
la caja ['kaxa]	Kasse
la cola ['kola]	Schlange
Como siempre, en la caja había una cola muy larga.	Wie immer gab es an der Kasse eine lange Schlange.
hacer cola [a'θεr 'kola]	Schlange stehen
el descuento [des'kwento]	Ermäßigung
la rebaja [rrε'ƀaxa]	Rabatt, Sonderangebot
la oferta [o'fεrta]	(Sonder-)Angebot
el precio ['preθĭo]	Preis
la ganga ['gaŋga]	Schnäppchen
El vestido ha sido una verdadera ganga.	Das Kleid war ein echtes Schnäppchen.
rebajado/a [rrεƀa'xaðo/-a]	heruntergesetzt
Los zapatos estaban rebajados.	Die Schuhe waren heruntergesetzt.
barato/a [ba'rato/-a]	billig
Esta camiseta parece barata.	Dieses T-Shirt sieht billig aus.
caro/a ['karo/-a]	teuer
costar [kɔs'tar]	kosten
pagar [pa'gar]	bezahlen
el recibo [rrε'θiƀo]	Kassenzettel

INFOKASTEN

In Spanien kauft man frisches Obst, Gemüse, Fleisch und Fisch oft auf dem Markt (*el mercado*) ein. *El mercadillo* dagegen ist ein Wochenmarkt, bei dem man auch preiswerte Kleidung, Schuhe, Haushaltswaren und andere Gebrauchsartikel kaufen kann.

1. Nahrungs- und Genussmittel

la carne [kar'nɛ]	Fleisch
el fiambre ['fi̯ambre]	Wurstwaren, Aufschnitt
el jamón [xa'mɔn]	Schinken
la salchicha [sal'tʃitʃa]	Würstchen, Wurst
la carne de vacuno [kar'nɛ de ba'kuno]	Rindfleisch
la carne de ternera [kar'nɛ de tɛr'nera]	Kalbfleisch
el cordero [kɔr'dero]	Lamm
el cerdo ['θɛrđo]	Schweinefleisch
De comida hay costillas de cerdo.	Zum Mittagessen gibt es Schweinekoteletts.
el ave *f* ['aƀe]	Geflügel
El ave es más sano que la carne de cerdo.	Geflügel ist gesünder als Schweinefleisch.
el pescado [pes'kađo]	Fisch

INFOKASTEN

Fisch heißt *pescado*, wenn vom Essen die Rede ist, und steht nur im Singular. Sonst spricht man von *pez* (pl *peces*).

la harina [a'rina]	Mehl
el azúcar [a'θukar]	Zucker
el arroz [a'rrɔθ]	Reis
la pasta ['pasta]	Nudeln
el pan ['pan]	Brot
el panecillo [pane'θiʎo]	Brötchen

INFOKASTEN

Der Plural von *arroz* ist *arroces*. Die Endung auf *-z* im Singular wird im Plural immer zu *-c*.

el pastel [pas'tɛl]	Kuchen
la galleta [ga'ʎeta]	Keks
el dulce ['dulθe]	Süßigkeit
el chocolate [tʃoko'late]	Schokolade
el helado [e'lađo]	Eis

INFOKASTEN

Das Wort *helado* heißt sowohl gefroren als auch Eis. *El suelo está helado.* Der Boden ist gefroren. *Me encanta el helado de fresa.* Ich liebe Erdbeereis.

la mantequilla [mante'kiʎa]	Butter
la nata ['nata]	Sahne
el yogur [jo'gur]	Jogurt
el queso ['keso]	Käse
el huevo ['weƀo]	Ei
el aceite [a'θɛĭte]	Öl
el vinagre [bi'nagre]	Essig
las especias *pl* [es'peθĭa]	Gewürze
la sal [sal]	Salz
la pimienta [pi'mĭenta]	Pfeffer
la miel ['mĭɛl]	Honig
la mermelada [mɛrme'lađa]	Marmelade
la leche ['letʃe]	Milch
el café [ka'fe]	Kaffee

INFOKASTEN

Die Kaffekultur ist in Spanien sehr verbreitet. Es gibt unter anderem *café con leche* (Milchkaffee), *café solo* (schwarzer Kaffee oder Espresso) oder *café cortado* (mit Milch).

el té [te]	Tee

INFOKASTEN

Achtung! Mit *té* ist grundsätzlich schwarzer Tee gemeint. Kräutertee ist *la tisana*, Kamillentee ist *la manzanilla*, Pfefferminztee *la poleo-menta*.

el zumo ['θumo]	Saft

INFOKASTEN

In Lateinamerika verwendet man das Wort *jugo* anstatt *zumo*. Statt *zumo de naranja* oder *zumo de limón* sagt man in Lateinamerika jeweils *naranjada* oder *limonada*. Damit ist frisch gepresster Orangen- bzw. verdünnter Zitronensaft gemeint, manchmal auch mit Zucker angereichert.

el agua *f* ['agwa] — Wasser

INFOKASTEN

Achtung! Das Wort *agua* ist feminin, wird aber mit dem männlichen Artikel *el* gebraucht: *el agua fría*. *Agua mineral con gas* ist kohlensäurehaltiges Mineralwasser, *agua mineral sin gas* dagegen stilles Wasser, *agua potable* Trinkwasser, *agua del grifo* Leitungswasser.

el vino ['bino] — Wein
la cerveza [θɛr'ƀeθa] — Bier
el tabaco [ta'ƀako] — Tabak
el cigarrillo [θiga'rriʎo] — Zigarette
el puro ['puro] — Zigarre

INFOKASTEN

Achtung! Wenn man einen Zigarillo haben möchte, dann fragt man nicht nach *el cigarrillo* (Zigarette), sondern nach *el purito* (Zigarillo).

la pipa ['pipa] — Pfeife

2. Obst

la fruta ['fruta] — Obst, Früchte
Como postre pedí fruta del tiempo. — Als Dessert bestellte ich Früchte der Saison.
la manzana [man'θana] — Apfel
la naranja [na'raŋxa] — Orange
Las naranjas tienen mucho zumo. — Die Orangen sind sehr saftig.
el limón [li'mɔn] — Zitrone
Los limones son extremadamente ácidos. — Die Zitronen sind extrem sauer.

la pera ['pera]	Birne
la piña ['piɲa]	Ananas

> **INFOKASTEN**
>
> In Lateinamerika sagt man für Ananas nicht *piña* wie in Spanien, sondern *ananá(s)*.

el plátano ['platano]	Banane
la ciruela [θi'rwela]	Pflaume
la cereza [θe'reθa]	Kirsche
Las cerezas parecen maduras.	Die Kirschen sehen reif aus.
la fresa ['fresa]	Erdbeere

> **INFOKASTEN**
>
> In Lateinamerika sagt man nicht *fresa* sondern *frutilla*, nicht *melocotón* sondern *durazno* und Avocado heißt *palta*.

la (zarza)mora [('θarθa)'mora]	Brombeere
la frambuesa [fram'ƀwesa]	Himbeere
el mirtillo [mir'tiʎo]	Heidelbeere
el melón [me'lɔn]	Melone
la uva ['uƀa]	Traube
Las uvas tienen muchas pepitas.	Die Trauben haben viele Kerne.
el albaricoque [alƀari'koke]	Aprikose
el melocotón [meloko'tɔn]	Pfirsich
el pomelo [po'melo]	Grapefruit, Pampelmuse
el kiwi ['kiwi]	Kiwi
Los kiwis tienen muchas vitaminas.	Kiwis haben viele Vitamine.

3. Gemüse

la verdura [bɛr'đura]	Gemüse
La verdura cruda no es buena para la digestión.	Rohes Gemüse ist nicht gut für die Verdauung.
la cebolla [θe'ƀoʎa]	Zwiebel

el ajo ['axo]	Knoblauch
el pimiento [pi'mĭento]	Paprika
No me gustan los pimientos verdes.	Ich mag keine grünen Paprika.
Eso me importa un pimiento. *fig*	Das ist mir schnuppe.
el tomate [to'mate]	Tomate
el pepino [pe'pino]	Gurke
la patata [pa'tata]	Kartoffel
el guisante [gi'sante]	Erbse
la judía [xu'đia]	Bohne
la zanahoria [θana'ɔrĭa]	Karotte
el espárrago [es'parrago]	Spargel
Tengo que comprar espárragos y zanahorias.	Ich muss Spargel und Karotten kaufen.
¡Vete a freír espárragos! *fig*	Geh' zum Teufel!
la espinaca [espi'naka]	Spinat
la col [kɔl]	Kohl
la coliflor [koli'flɔr]	Blumenkohl
la berenjena [bereŋ'xena]	Aubergine
el calabacín [kalaƀa'θin]	Zucchini
el rábano ['rraƀano]	Radieschen
el maíz [ma'iθ]	Mais
la ensalada [ensa'lađa]	(angemachter) Salat

4. Zubereitung und Verzehr von Speisen

comer [ko'mɛr]	essen
beber [be'ƀɛr]	trinken
la bebida [be'ƀiđa]	Getränk
el plato [pla'to]	Speise, Gericht
Mi plato preferido son los espaguetis a la boloñesa.	Mein Lieblingsgericht ist Spaghetti Bolognese.
la comida [ko'miđa]	Mahlzeit, Mittagessen, Lebensmittel, Essen
Deberías hacer tres comidas al día.	Du solltest drei Mahlzeiten am Tag einnehmen.
el desayuno [desa'juno]	Frühstück

el almuerzo [al'mwɛrθo]	Mittagessen

INFOKASTEN

Für Mittagessen sagt man *almuerzo*, umgangssprachlich wird auch *comida* gebraucht, obwohl das allgemein Lebensmittel, Essen bedeutet.

el piscolabis [pisko'labis]	Imbiss, Snack
No tengo mucho hambre.	Ich bin nicht sehr hungrig.
Sólo voy a comer un piscolabis.	Ich möchte nur einen kleinen Imbiss.
la cena ['θena]	Abendessen
preparar [prepa'rar]	zubereiten
cocinar [koθi'nar]	kochen
cocinar al horno [koθi'nar al 'ɔrno]	backen
freír [fre'ir]	braten

INFOKASTEN

Carne a la brasa wird auf dem Holzkohlegrill zubereitet. *Carne a la plancha* wird in der Pfanne oder auf dem Tischgrill gebraten. *Carne asada* ist der Braten.

hacer a la parrilla [a'θɛr a la pa'rriʎa]	grillen
cortar [kɔr'tar]	schneiden
picar [pi'kar]	hacken, stechen
A María le picó un mosquito.	Maria wurde von einer Mücke gestochen.

INFOKASTEN

Das Verb *picar* hat auch die Bedeutung von naschen oder etwas Kleines essen. Oft sagt man: *Vamos a picar algo.* Gehen wir einen Happen essen. *¿Qué le apetece para picar?* Was möchten Sie gerne zum Naschen?

remover [rrɛmo'ƀɛr]	umrühren
Tienes que remover la sopa, si no se pega.	Du musst die Suppe umrühren, sonst brennt sie an.
la barbacoa [barƀa'koa]	Grill
la sopa ['sopa]	Suppe

el asado [a'sađo]	Braten
hambriento/a [am'bri̯ento/-a]	hungrig
sediento/a [se'đi̯ento/-a]	durstig
satisfecho/a [satis'fetʃo/-a]	satt
Estoy tan satisfecho que no me puedo mover.	Ich bin so satt, dass ich mich nicht bewegen kann.

INFOKASTEN

Im Gegensatz zum Deutschen wird auf Spanisch das Zubereiten von Speisen häufig mit dem Verb *hacer* ausgedrückt: *hacer a la parrilla* (garen auf dem Grill) oder *hacer a la plancha* (in der Pfanne oder auf dem Tischgrill garen), *hacer al horno* (backen).

dulce ['dulθe]	süß
María prefiere comer algo dulce.	Maria möchte lieber etwas Süßes essen.
ácido/a ['aθiđo/-a]	sauer
amargo/a [a'margo/-a]	bitter
salado/a [sa'lađo/-a]	salzig
La comida está muy salada, por eso tengo sed.	Das Essen ist sehr salzig, deshalb habe ich Durst.
picante [pi'kante]	scharf
La comida mejicana es muy picante.	Mexikanisches Essen ist sehr scharf.
sabroso/a [sa'ƀroso/-a]	würzig
fresco/a ['fresko/-a]	frisch

INFOKASTEN

Fresco bedeutet sowohl frisch als auch kühl. *El pescado es muy fresco.* Der Fisch ist sehr frisch. *Hoy hace fresco.* Heute ist es kühl.

estropearse [estrope'arse]	verderben
Si no metes la comida en el frigorífico se va a estropear.	Wenn du die Lebensmittel nicht in den Kühlschrank stellst, werden sie schlecht.
estropeado/a [estrope'ađo/-a]	verdorben
probar [pro'ƀar]	probieren, schmecken
¿Puedo probar la salsa?	Kann ich mal die Sauce probieren?

5. Geschirr und Besteck

la vajilla [ba'xiʎa]	Geschirr
el cubierto [ku'ƀĭerto]	Besteck
el plato [pla'to]	Teller, Gang
De primer plato hemos comido pasta.	Als ersten Gang haben wir Nudeln gegessen.
el platillo [pla'tiʎo]	Untertasse
el plato hondo [pla'to 'ɔndo]	Suppenteller
la botella [bo'teʎa]	Flasche
el vaso ['baso]	Glas

> **INFOKASTEN**
>
> Achtung! *El vaso* (das Glas) ist nicht zu verwechseln mit der Vase im Deutschen. Diese heißt auf Spanisch *el jarrón* oder *el florero.*

la copa ['kopa]	(Stil-)Glas
la taza ['taθa]	Tasse, Becher
¿Has visto mi taza de café?	Hast du meine Kaffeetasse gesehen?
la jarra ['xarra]	Kanne
el cuchillo [ku'tʃiʎo]	Messer
el tenedor [tene'đɔr]	Gabel
la cuchara [ku'tʃara]	Löffel
el mantel [man'tɛl]	Tischdecke
¡Pon el mantel solore la mesa!	Leg die Tischdecke auf!

> **INFOKASTEN**
>
> Achtung! Nicht verwechseln: *El mantel* ist das spanische Wort für Tischdecke, wohingegen der Mantel *el abrigo* heißt.

la servilleta [sɛrƀi'ʎeta]	Serviette
Prefiero las servilletas de papel; son más prácticas.	Ich ziehe Papierservietten vor; sie sind viel praktischer.
poner la mesa [po'nɛr la 'mesa]	den Tisch decken
¿Por favor, puedes poner la mesa?	Kannst du bitte den Tisch decken?

6. Restaurant

el restaurante [rrɛstaŭ'rante]	Restaurant
reservar [rrɛsɛr'ƀar]	reservieren
(la barra de) bar [('barra de) bar]	Bar, Theke
el bar [bar]	Bar, Lokal
el camarero [kama'rero]	Kellner
servir [sɛr'ƀir]	bedienen
traer [tra'ɛr]	bringen
pedir [pe'đir]	bestellen
¿Qué van a pedir?	Was möchten Sie bestellen?
el pedido [pe'điđo]	Bestellung
la carta ['karta]	Speisekarte
¿Me trae la carta por favor?	Bringen Sie mir bitte die Speisekarte!
el menú [me'nu]	Menü
¿Tienen menú?	Haben Sie (auch) ein Menü?
el entremés [entre'mes]	Vorspeise
el plato principal [pla'to prinθi'pal]	Hauptspeise
De entrada voy a tomar el salmón ahumado y como plato principal la chuleta.	Ich nehme den Räucherlachs als Vorspeise und als Hauptgericht das Steak.

INFOKASTEN

In Spanien besteht das tägliche Mittagessen generell aus mehreren Gängen: *primer plato* (Suppe, Reis oder Nudeln), *segundo plato* oder *plato principal* (in der Regel Fisch oder Fleisch) und *postre* (Nachspeise: Obst oder etwas Süßes).

la guarnición [gwarni'θĭɔn]	Beilage
Tomó patatas fritas de guarnición.	Er wählte Pommes frites als Beilage.
el postre ['pɔstre]	Dessert, Nachspeise
la cuenta ['kwenta]	Rechnung
¿Me trae la cuenta por favor?	Bringen Sie mir bitte die Rechnung!
la propina [pro'pina]	Trinkgeld
Dio a la camarera una buena propina.	Er gab der Kellnerin ein sehr großzügiges Trinkgeld.

1. Mensch, Körper und Gestalt

el hombre ['ɔmbre]	Mensch, Wesen
humano [u'mano]	Mensch-, menschlich
la persona [pɛr'sona]	Person
la gente ['xente]	Menschen, Leute

INFOKASTEN

Achtung! Das Wort *gente* wird im Spanischen nur im Singular benutzt: *Hoy había mucha gente en el centro comercial.* Heute waren viele Leute im Einkaufszentrum.

el cuerpo ['kwɛrpo]	Körper
la forma ['fɔrma]	Gestalt, Form
Está en buena forma.	Er ist in ziemlich guter Form.
la cabeza [ka'ƀeθa]	Kopf
el cerebro [θe'reƀro]	Gehirn
el pelo ['pelo]	Haar, Haare
el cabello [ka'ƀeʎo]	Haar
la cara ['kara]	Gesicht
el ojo ['ɔxo]	Auge
la oreja [o'rɛxa]	Ohr
Aguzó las orejas. *fig*	Er spitzte die Ohren.
la nariz [na'riθ]	Nase
la boca ['boka]	Mund
la barbilla [bar'ƀiʎa]	Kinn
el diente ['diente]	Zahn
Los dientes de José están torcidos.	Josés Zähne sind schief.
la lengua ['leŋgwa]	Zunge
Tiene la lengua muy larga. *fig*	Er hat eine spitze Zunge.
el labio ['laƀĭo]	Lippe
Tiene labios muy sensuales.	Sie hat sehr sinnliche Lippen.
la barba ['barƀa]	Bart

el aliento [a'lĭento]	Atem
Estaba sin aliento.	Sie war außer Atem.
respirar [rrɛspi'rar]	atmen
el cuello ['kweʎo]	Hals, Nacken
He estado sentado en la corriente y ahora tengo el cuello agarrotado.	Ich saß im Durchzug und jetzt ist mein Nacken ganz steif.

INFOKASTEN

El cuello ist sowohl der Nacken als auch der Kragen.
Estar hasta el cuello heißt zu viel Stress oder Arbeit haben.
Decir algo al cuello de la camisa bedeutet sehr leise sprechen.

el hombro ['ɔmbro]	Schulter
el brazo ['braθo]	Arm
la mano ['mano]	Hand
¿Te echo una mano? *fig*	Kann ich dir helfen?

INFOKASTEN

La mano ist feminin, obwohl die Wörter mit Endung *-o* normalerweise maskulin sind.

el dedo (de mano) ['deđo (de 'mano)]	Finger
el pecho ['petʃo]	Brust
la espalda [es'palda]	Rücken
Me duele la espalda de levantar tanto peso.	Mein Rücken tut mir weh, weil ich zu viele Gewichte gestemmt habe.
la barriga [ba'rriga]	Bauch
el estómago [es'tomago]	Magen
las posaderas *pl* [posa'đeras]	Gesäß
la pierna ['pĭɛrna]	Bein
Se me han dormido las piernas.	Meine Beine sind eingeschlafen.
la rodilla [rrɔ'điʎa]	Knie
el pie [pĭe]	Fuß
Es lo suficientemente mayor para andar por su propio pie.	Sie ist alt genug, um auf eigenen Füßen zu stehen.
el hueso ['weso]	Knochen

INFOKASTEN

Dedo kann im Spanischen sowohl der Finger als auch der Zeh sein. Zur Unterscheidung fügt man oft *de mano* für Finger oder *de pie* für Zeh hinzu. Weitere Bezeichnungen: Daumen *dedo gordo*, Zeigefinger *dedo índice*, Mittelfinger *dedo medio* (oder *del corazón*), Ringfinger *dedo anular*, *meñique* kleiner Finger.

el dedo (del pie) ['deđo (del pĭe)] Zehe
la uña ['uɲa] Nagel
la piel [pĭɛl] Haut
Tenía una piel de porcelana. Sie hatte eine Haut wie Porzellan.
el corazón [kora'θɔn] Herz

INFOKASTEN

Gängige Kosenamen im Spanischen sind zum Beispiel: *corazón mío* (mein Herz), *amor mío* (mein Liebling), *eres un tesoro* (du bist ein Schatz). Natürlich sind hier der Phantasie keine Grenzen gesetzt ...

la sangre ['saŋgre] Blut

2. Aussehen

guapo/a ['gwapo/-a] hübsch, gut aussehend
Es guapa. Sie ist hübsch.
José es guapo. José sieht gut aus.

INFOKASTEN

Die Eigenschaften *alto* und *bajo* beziehen sich bei der Personenbeschreibung auf die Körperstatur. *Enrique es un chico demasiado bajo, es el más bajo de la clase.* Enrique ist zu klein, er ist der Kleinste in der Klasse.

feo/a ['feo/-a] hässlich
alto/a ['alto/-a] groß
Es alto como un árbol. *fig* Er ist ein ellenlanger Kerl.
bajo/a ['baxo/-a] klein
Las personas bajas no llegan a la estantería. Kleine Menschen kommen nicht an das Regal heran.

bonito/a [bo'nito/-a]	schön
atractivo/a [atrak'tiƀo/-a]	attraktiv

INFOKASTEN

In Spanien wird *guapo, guapa* wird für Personen verwendet und *bonito, bonita* dagegen für Gegenstände oder Orte. In Lateinamerika wird oft *bonito, bonita* oder *lindo, linda* für die Beschreibung von Menschen gebraucht, wenn man sagen will, dass sie gut aussehen.

gordo/a ['gɔrdo/-a]	dick
¿Has visto a aquella señora gorda?	Hast du die dicke Frau dort gesehen?
delgado/a [dɛl'gađo/-a]	dünn, schlank
fuerte ['fwɛrte]	kräftig, stark
con sobrepeso [kɔn soƀre'peso]	übergewichtig
Sofía está con sobrepeso.	Sofia ist übergewichtig.

3. Sinne und Sinneseindrücke

el conocimiento [konoθi'mĭento]	Verstand, Erinnerung
la memoria [me'moria]	Erinnerung, Gedächtnis
José no tiene buena memoria.	José hat kein gutes Gedächtnis.
recordar [rrɛkɔr'đar]	sich erinnern
No recuerdo su nombre.	Ich kann mich nicht an seinen Namen erinnern.
recordar a alguien [rrɛkɔr'đar a 'algĭen]	jmd erinnern
Por favor, recuérdame que llame al médico.	Bitte erinnere mich daran, dass ich den Arzt anrufe.

INFOKASTEN

Achtung! Verwechseln Sie nicht *recordar* und *acordarse* (reflexives Verb). Wenn man sich selber an etwas erinnert oder jemand sich an etwas erinnern soll, verwendet man eher *acordarse. Acuérdate de comprar el periódico.* Denk daran, die Zeitung zu kaufen. Wenn einen jemand/etwas an etwas anderes/eine dritte Person erinnert, verwendet man *recordar. Me recuerda a mi hermana.* Sie erinnert mich an meine Schwester.

pensar [pen'sar]	denken, überlegen
el pensamiento [pensa'mĭento]	Gedanke
reflexionar [rrɛflɛk'sĭonar]	nachdenken
Reflexionó su propuesta.	Sie dachte über seinen Vorschlag nach.
la inteligencia [inteli'xenθĭa]	Intelligenz
la razón [rra'θɔn]	Vernunft
razonable [rraθo'naƀle]	vernünftig
Eso suena muy razonable.	Das klingt sehr vernünftig.
entender [enten'dɛr]	verstehen, begreifen
comprender [kɔmpren'dɛr]	verstehen, begreifen
la idea [i'đea]	Idee, Einfall
olvidar [ɔlƀi'đar]	vergessen
el sentido [sen'tiđo]	Sinn
Eso no tiene sentido.	Das hat keinen Sinn.
oler [o'lɛr]	riechen
el olor [o'lɔr]	Geruch
apestar [apes'tar]	stinken
¡Tus zapatos apestan!	Deine Schuhe stinken!
tocar [to'kar]	tasten, berühren, rühren
¡No tocar la decoración!	Es ist verboten, die Dekoration zu berühren!
ver [bɛr]	sehen
mirar [mi'rar]	schauen, sehen, beobachten
sentir [sen'tir]	fühlen
percibir [pɛrθi'ƀir]	wahrnehmen
Percibió en él un cambio de humor repentino.	Sie nahm bei ihm eine plötzlich veränderte Laune wahr.

4. Gefühle, Eigenschaften und Verhalten

el sentimiento [senti'mĭento]	Gefühl
el alma *f* ['alma]	Seele
el amor [a'mɔr]	Liebe
la alegría [ale'gria]	Freude
alegre [a'legre]	froh
enamorarse [enamo'rarse]	sich verlieben
Se ha enamorado de María.	Er hat sich in Maria verliebt.

la pasión [pa'sĭɔn]	Leidenschaft
la predilección [predilɛk'θĭɔn]	Vorliebe
preferir [prefe'rir]	vorziehen, lieber mögen
Prefiero los espaguetis al arroz.	Ich mag lieber Spaghetti als Reis.
la felicidad [feliθi'dad]	Glück
feliz [fe'liθ]	glücklich

INFOKASTEN

In Spanien sagt man für Frohe Weihnachten *¡Feliz Navidad!*

el placer [pla'θɛr]	Vergnügen
agradar [agra'dar]	gefallen
Hizo todo para agradarle.	Sie tat alles, um ihm zu gefallen.
reír(se de) [rrɛ'ir(se de)]	lachen (über)
sonreír [sɔnrrɛ'ir]	lächeln

INFOKASTEN

Reír wird oft als reflexives Verb gebraucht: *Se ríe de su hermana.* Er lacht über seine Schwester. *Sonreír* dagegen wird selten als reflexives Veb verwendet: *Siempre sonríe cuando le hablo.* Sie lächelt immer, wenn ich sie anspreche.

disfrutar [disfru'tar]	genießen
Disfruto del sol matinal.	Ich genieße die Morgensonne.
gustar [gus'tar]	gern tun, mögen, gefallen
Me gusta mucho nadar.	Ich schwimme sehr gerne.
el orgullo [ɔr'guʎo]	Stolz
Su orgullo le hacía parecer arrogante.	Sein Stolz ließ ihn arrogant erscheinen.
estar orgulloso/a [es'tar ɔrgu'ʎoso/-a]	stolz sein
Está orgulloso de su hija.	Er ist stolz auf seine Tochter.

INFOKASTEN

Achtung! *Ser orgulloso* heißt hochmütig sein, *estar orgulloso* dagegen bedeutet stolz sein. *No me gusta. Es un chico muy orgulloso.* Ich mag ihn nicht, er ist ein sehr hochmütiger Junge. *La madre está orgullosa de su hijo.* Die Mutter ist stolz auf ihren Sohn.

seguro de sí mismo [se'guro de si 'mizmo]	selbstbewusst
el odio ['ođĭo]	Hass
odiar [o'đĭar]	hassen
la rabia ['rraƀĭa]	Zorn, Wut
el enfado [em'fađo]	Ärger
enfadado/a [emfa'đađo/-a]	böse, verärgert
celoso/a [θe'loso/-a]	eifersüchtig
el miedo ['mĭeđo]	Angst, Befürchtung
tener miedo [te'nɛr 'mĭeđo]	Angst haben, fürchten
Tiene miedo de los perros.	Sie hat Angst vor Hunden.
la preocupación [preokupa'θĭɔn]	Sorge
estar preocupado/a [es'tar preoku'pađo/-a]	sich Sorgen machen
Estaba preocupada por el examen.	Sie machte sich Sorgen wegen ihres Examens.
la tristeza [tris'teθa]	Traurigkeit
triste ['triste]	traurig
infeliz [imfe'liθ]	unglücklich
el luto ['luto]	Trauer
llevar luto [ʎeƀɑr 'luto]	trauern
solo/a ['solo/-a]	einsam, allein
la compasión [kɔmpa'sĭɔn]	Mitleid
Luisa tuvo compasión de él.	Luisa hatte Mitleid mit ihm.
mentir [men'tir]	lügen
arrepentirse [arrepen'tirse]	bedauern, bereuen
José se arrepiente de no haber hecho nada en contra.	José bedauert, nichts dagegen getan zu haben.
dar pena [dar 'pena]	leidtun
Me da pena.	Sie tut mir leid.
la esperanza [espe'ranθa]	Hoffnung
esperar [espe'rar]	hoffen, warten, erwarten
la duda ['duđa]	Zweifel
dudar [du'đar]	zweifeln, zögern
Si tienes un problema, no dudes en preguntarme.	Wenn Du ein Problem hast, zögere nicht mich zu fragen.
sorprenderse [sɔrpren'dɛrse]	sich wundern, erstaunen
Me sorprende encontrarte aquí.	Ich bin erstaunt, dich hier zu treffen.

saber [sa'ƀɛr]	wissen, können, kennen, schmecken
vacilar [baθi'lar]	zögern

INFOKASTEN

Saber hat viele Bedeutungen, zum Beispiel:
wissen - *¿Sabes a qué hora llega?* Weißt du, um wieviel Uhr sie kommt?
können - *Él sabe ruso.* Er kann Russisch.
kennen - *¿Sabes mi nombre?* Kennst/weißt du meinen Namen?
schmecken - *La sopa sabe mal.* Die Suppe schmeckt schlecht.

callarse [ka'ʎarse]	schweigen
admirarse [ađmi'rarse]	sich wundern
la sorpresa [sɔr'presa]	Überraschung
María organizó una sorpresa para el cumpleaños de José.	Maria organisierte eine Überraschung für den Geburtstag von José.
sorprender [sɔrpren'dɛr]	überraschen
perdonar [pɛrđo'nar]	verzeihen
disculpar [diskul'par]	verzeihen, entschuldigen
escuchar [esku'tʃar]	zuhören
Escucha atentamente lo que tiene que decir el profesor.	Hör genau zu, was der Lehrer zu sagen hat.
observar [ɔƀsɛr'ƀar]	beobachten
preocuparse (de) [preoku'parse (de)]	sich kümmern (um)
ocuparse (de) [oku'parse (de)]	sich kümmern (um)
Mientras él estaba de vacaciones ella se ocupaba del gato.	Während seines Urlaubs kümmerte sie sich um die Katze.
tener cuidado [te'nɛr kwi'đađo]	sich in Acht nehmen, aufpassen, vorsichtig sein
¡Ten cuidado! Viene un coche.	Pass auf! Da kommt ein Auto.
desear [dese'ar]	wünschen
esforzarse [esfɔr'θarse]	sich bemühen, sich anstrengen
Se esforzó por ser un buen marido.	Er bemühte sich, ein guter Ehemann zu sein.
criticar [kriti'kar]	kritisieren
Le criticó duramente por su mal comportamiento.	Er kritisierte sie hart für ihr schlechtes Benehmen.
la crítica ['kritika]	Kritik
Su crítica estaba justificada.	Seine Kritik war gerechtfertigt.

la característica [karakte'ristika]	Eigenschaft
la propiedad [propĭe'đađ]	Eigenschaft
La paciencia y la tolerancia son sus propiedades principales.	Geduld und Toleranz sind seine Haupteigenschaften.
el carácter [ka'raktɛr]	Charakter
¡Es todo un carácter! *fig*	Er ist einfach ein Original!
el humor [u'mɔr]	Laune
Está de muy mal humor.	Sie hat sehr schlechte Laune.
Está de muy buen humor.	Sie ist sehr guter Laune.
agradable [agra'đaƀle]	nett, angenehm
majo/a ['maxo/-a]	nett
listo/a ['listo/-a]	klug

INFOKASTEN

Achtung! *Ser listo* bedeutet intelligent sein, *estar listo* dagegen heißt fertig sein.

inteligente [inteli'xente]	intelligent
espabilado/a [espabi'lɑdo/-a]	schlau
tonto/a ['tɔnto/-a]	dumm
vago/a ['bago/-a]	faul
José es vago.	José ist faul.
trabajador/a [traƀaxa'đɔr/-a]	fleißig
malo/a ['malo/-a]	schlecht, böse

INFOKASTEN

Wenn *malo* oder *bueno* vor einem männlichen Substantiv stehen, fällt das *-o* am Ende der Adjektive weg. *Este es un buen libro.* Dies ist ein gutes Buch. *Hoy es un mal día, no funziona nada.* Heute ist ein schlechter Tag, nichts funktioniert.

pérfido/a ['pɛrfiđo/-a]	gemein, niederträchtig
¡Ha sido pérfido por su parte!	Das war sehr gemein von ihr!
precavido/a [preka'ƀiđo/-a]	vorsichtig
impaciente [impa'θĭente]	ungeduldig
satisfecho/a [satis'fetʃo/-a]	zufrieden
cobarde [ko'ƀarđe]	feige

paciente [pa'θĭente]	geduldig

INFOKASTEN

Paciente ist sowohl Adjektiv als auch Substantiv, hat aber zwei unterschiedliche Bedeutungen:
Tu padre es muy paciente. Dein Vater ist sehr geduldig.
Hay que tratar urgentemente al paciente. Der Patient muss sofort behandelt werden.

imprudente [impru'đente]	leichtsinnig, gedankenlos
¡Eres un imprudente!	Wie kannst du nur so leichtsinnig sein!
amable [a'maƀle]	freundlich
desagradable [desagra'đaƀle]	unfreundlich
valiente [ba'lĭente]	mutig, tapfer
Fue muy valiente cuando le sacaron el diente.	Er war sehr tapfer, als man ihm den Zahn zog.
encantador/a [eŋkanta'đɔr]	charmant, reizend
¡Es encantadora!	Sie ist so reizend!
simpático/a [sim'patiko/-a]	sympathisch
sincero/a [sin'θero/-a]	ehrlich, aufrichtig
Siempre era muy sincera.	Sie war immer sehr ehrlich.
honesto/a [o'nesto/-a]	aufrichtig, ehrlich
dispuesto/a [dis'pwesto/-a]	hilfsbereit
agradecido/a [agrađe'θiđo]	dankbar
Juan estaba muy agradecido.	Juan war sehr dankbar.
aburrido/a [aƀu'rriđo]	langweilig
La película fue terriblemente aburrida.	Der Film war schrecklich langweilig.
excitante [esθi'tante]	aufregend, spannend
serio/a ['serĭo]	ernst
divertido/a [diƀɛr'tiđo]	lustig
Es una persona muy divertida.	Er ist eine sehr lustige Person.
raro/a ['rraro/-a]	komisch
gracioso/a [gra'θĭoso/-a]	witzig
María siempre hace comentarios graciosos.	Maria macht immer witzige Bemerkungen.
extraño/a [es'traɲo/-a]	sonderbar, merkwürdig

5. Gesundheit, Krankheit und Notfall

sano/a ['sano/-a]	gesund
enfermo/a [em'fɛrmo]	krank
la salud [sa'luđ]	Gesundheit
¿Ha tenido problemas de salud últimamente?	Hatten Sie in letzter Zeit Probleme mit Ihrer Gesundheit?

INFOKASTEN

Wenn jemand niest, sagt man in Spanien *¡Jesús!* für Gesundheit, in Lateinamerika dagegen *¡salud!*

la enfermedad [emfɛrme'đađ]	Krankheit
el médico ['međiko]	Arzt
el doctor [dɔk'tɔr]	Arzt

INFOKASTEN

Man verwendet das Wort *médico* im normalen Gebrauch als Berufsbezeichnung und *doctor* als akademischen Titel. *Tengo que ir al médico.* Ich muss zum Arzt. *El doctor Domínguez no trabaja en este hospital.* Herr Doktor Dominguez arbeitet nicht in diesem Krankenhaus. In Lateinamerika ist allerdings *doctor* üblicher, auch wenn man die Berufsbezeichnung meint.

el dentista [den'tista]	Zahnarzt
la emergencia [emɛr'xenθĭa]	Notfall
¿Puedes llamar al médico? Es una emergencia.	Kannst du bitte den Arzt anrufen? Das ist ein Notfall.
la ambulancia [ambu'lanθĭa]	Krankenwagen
el hospital [ɔspi'tal]	Krankenhaus
el paciente [pa'θĭente]	Patient
Después de la operación llevaron al paciente a cuidados intensivos.	Nach der Operation brachten sie den Patienten auf die Intensivstation.
la enfermera [emfɛr'mera]	Krankenschwester
los bomberos *pl* [bɔm'beros]	Feuerwehr
la fiebre ['fĭeƀre]	Fieber
Anoche le subió la fiebre.	Ihr Fieber ist letzte Nacht gestiegen.
el termómetro [tɛr'mometro]	Thermometer

la tensión [ten'sĭɔn]	Blutdruck
Primero le voy a tomar la tensión.	Lassen Sie mich zuerst Ihren Blutdruck messen.
el malestar [males'tar]	Übelkeit, Unwohlsein
vomitar [bomi'tar]	sich übergeben
doler [do'lɛr]	wehtun, schmerzen
el dolor [do'lɔr]	Schmerz
Tengo muchos dolores de espalda.	Ich habe starke Rückenschmerzen.
el dolor de cabeza [do'lɔr de ka'ƀeθa]	Kopfschmerzen
El tiempo me produce dolor de cabeza.	Von dem Wetter bekomme ich Kopfschmerzen.
el dolor de muelas [do'lɔr de 'mwelas]	Zahnschmerzen
el dolor de estómago [do'lɔr de es'tomaɣo]	Bauchschmerzen

INFOKASTEN

Achtung! Man sagt *dolor de cabeza* (Kopfschmerzen), *dolores de espalda* (Rückenschmerzen) usw., aber nicht *dolor de dientes* (Zahnschmerzen), sondern *dolor de muelas.* Man kann auch einfach sagen: *me duele la cabeza, el estómago, me duelen los dientes:* Mir tut der Kopf weh, der Magen, die Zähne ...

romperse el brazo [rrɔm'pɛrse el 'braθo]	sich den Arm brechen
el accidente [akθi'đente]	Unfall
En el accidente hubo tres personas heridas.	Bei dem Unfall wurden drei Personen verletzt.
la herida [e'riđa]	Wunde
la lesión [le'sĭɔn]	Verletzung
inconsciente [iŋkɔnsθĭ'ente]	bewusstlos
Después de caerse de la escalera estuvo casi media hora inconsciente.	Nachdem er von der Leiter gefallen war, war er fast eine halbe Stunde bewusstlos.
pálido/a ['paliđo/-a]	blass
la medicina [međi'θina]	Medizin

el medicamento [međika'mento] Medikament

la inyección [injɛk'θĭon] Spritze

Pisó una punta oxidada y el médico le puso una inyección contra el tétanos. — Sie war in einen rostigen Nagel getreten, also gab ihr der Arzt eine Tetanusspritze.

la vacuna [ba'kuna] Impfung

> **INFOKASTEN**
>
> Man sagt *poner una inyección* (eine Spritze geben) und *ponerse una vacuna* oder *vacunarse* (sich impfen lassen).

la tirita [ti'rita] Pflaster

la venda ['benda] Verband

la escayola [eska'jola] Gips

la receta [rrɛ'θeta] Rezept

recetar [rrɛθe'tar] verschreiben

la farmacia [far'maθĭa] Apotheke

examinar [ɛksami'nar] untersuchen

la gripe ['gripe] Grippe

el resfriado [rrɛsfri'ađo] Erkältung

José ha cogido un fuerte resfriado. — José hat sich eine schwere Erkältung geholt.

la tos [tɔs] Husten

Además tenía una tos fuerte. — Er hatte außerdem einen schweren Husten.

toser [to'sɛr] husten

curarse [ku'rarse] heilen

la insolación [insola'θĭɔn] Sonnenstich

la picadura de mosquito [pika'đura de mɔs'kito] Mückenstich

6. Familie und Lebensalter

la familia [fa'milĭa] Familie

los familiares *pl* [fami'lĭar] Verwandte

Todos mis familiares viven en la misma ciudad. — Alle meine Verwandten wohnen in der selben Stadt.

los parientes *pl* [pa'rĭentes] Verwandte

> **INFOKASTEN**
>
> Achtung! Das Wort *parientes* darf nicht mit dem englischen *parents* verwechselt werden. *Parientes* sind nicht die Eltern, sondern Verwandte: Onkel, Großeltern, Cousine ...

los abuelos *pl* [a'ƀwelos]	Großeltern
el abuelo [a'ƀwelo]	Großvater
la abuela [a'ƀwela]	Großmutter
los padres *pl* ['pađres]	Eltern
Mis padres viven en el vecindario.	Meine Eltern leben in der Nachbarschaft.
el padre ['pađre]	Vater
la madre ['mađre]	Mutter
el hijo ['ixo]	Kind; Sohn
la hija ['ixa]	Tochter
los hermanos *pl* [ɛr'manos]	Geschwister
el hermano [ɛr'mano]	Bruder
la hermana [ɛr'mana]	Schwester
el nieto ['nĭeto]	Enkel, Enkelsohn
Mi nieto ya ha empezado a hablar.	Mein Enkel hat schon angefangen zu sprechen.
la nieta ['nĭeta]	Enkelin, Enkeltochter
la tía ['tia]	Tante
el tío ['tio]	Onkel, Typ

> **INFOKASTEN**
>
> *El tío* heißt der Onkel. Unter jungen Leuten wird *tío* in der Bedeutung von Kumpel oder Typ gebraucht.

el sobrino [so'ƀrino]	Neffe
la sobrina [so'ƀrina]	Nichte
el primo ['primo]	Cousin
la prima ['prima]	Cousine
el cuñado [ku'ɲađo]	Schwager
la cuñada [ku'ɲađa]	Schwägerin
los suegros *pl* ['swegros]	Schwiegereltern
Me llevo muy bien con mis suegros.	Ich komme sehr gut mit meinen Schwiegereltern aus.

joven ['xoƀen]	jung
Cuando yo era joven no teníamos tanto dinero para gastos personales.	Als ich jung war, hatten wir nicht so viel Taschengeld.
mayor [ma'jɔr]	alt
la edad [e'đađ]	Alter
crecer [kre'θɛr]	(auf)wachsen
Los hijos han crecido con sus abuelos.	Die Kinder sind bei den Großeltern aufgewachsen.
el adulto [a'đulto]	Erwachsene
Los adultos pagan el precio normal.	Erwachsene zahlen den normalen Preis.
la infancia [im'fanθĭa]	Kindheit
Tuve una infancia muy feliz.	Ich hatte eine sehr glückliche Kindheit.
el bebé [be'ƀe]	Baby
la juventud [xuƀen'tuđ]	Jugend
la chica ['tʃika]	Mädchen
el chico ['tʃiko]	Junge
los jóvenes *pl* ['xobenes]	Jugendliche
nacer [na'θɛr]	geboren werden
Nací en Barcelona.	Ich bin in Barcelona geboren.
el nacimiento [naθi'mĭento]	Geburt
la vida ['biđa]	Leben
vivir [bi'ƀir]	leben
vivo/a ['biƀo/-a]	lebendig
el cumpleaños [kumple'aɲos]	Geburtstag

INFOKASTEN

Das Wort *cumpleaños* wird generell mit dem Verb *ser* gebraucht:
¿Cuándo es tu cumpleaños? Wann hast du Geburtstag?
Mi cumpleaños es el cinco de agosto. Ich habe am 5. August Geburtstag.
Alles Gute zum Geburtstag heißt auf Spanisch *¡Feliz cumpleaños!*

el aniversario [aniƀɛr'sarĭo]	Jahrestag
envejecer [embɛxe'θɛr]	altern, älter werden
La sociedad envejece.	Die Gesellschaft altert.
morir [mo'rir]	sterben
la muerte ['mwerte]	Tod

7. Soziale Beziehungen und Anlässe

la relación [rrɛla'θĭɔn]	Beziehung, Verhältnis
la sociedad [soθĭe'đađ]	Gesellschaft
el público ['puƀliko]	Öffentlichkeit
No le gusta discutir en público.	Er streitet nicht gerne in der Öffentlichkeit.
El parque está abierto al público.	Der Park ist für jedermann zugänglich.
público/a ['puƀliko/-a]	öffentlich
privado/a [pri'ƀađo/-a]	privat
el extraño [es'traɲo]	Fremder
el conocido [kono'θiđo]	Bekannter
Es más bien un conocido que un buen amigo.	Er ist eher ein Bekannter als ein guter Freund.
el/la colega [ko'lega]	Kollege/in, Kumpel
José es colega de María. *fam*	José ist Marias Kumpel.
el tío ['tio]	Typ
¿Dónde has conocido a este tío? *fam*	Wo hast du diesen Typen kennen gelernt?
el miembro ['mĭembro]	Mitglied
el amigo [a'migo]	Freund
la amiga [a'miga]	Freundin
el novio ['noƀĭo]	fester Freund, Bräutigam
la novia ['noƀĭa]	feste Freundin, Braut
soltero/a [sɔl'tero/-a]	ledig, ungebunden
Estoy soltera desde hace dos años.	Ich bin seit zwei Jahren ungebunden.
la pareja [pa'rɛxa]	Paar
el matrimonio [matri'monĭo]	Ehe
Era un matrimonio feliz.	Es war eine glückliche Ehe.
casarse [ka'sarse]	heiraten
Se han casado en Venecia.	Sie haben in Venedig geheiratet.

INFOKASTEN

Achtung! Das Verb heiraten ist im Spanischen reflexiv: *casarse.*
Nos hemos casado el 27 de julio. Wir haben am 27. Juli geheiratet.

el marido [ma'riđo]	Ehemann
el esposo [es'poso]	Ehemann
la mujer [mu'xɛr]	Ehefrau

la esposa [es'posa]	Ehefrau
la boda ['bođa]	Hochzeit
la luna de miel ['luna de 'mĭɛl]	Flitterwochen
el embarazo [emba'raθo]	Schwangerschaft
embarazada [embara'θađa]	schwanger
Estaba embarazada de gemelos.	Sie war mit Zwillingen schwanger.
separarse [sepa'rarse]	sich trennen
Después de tres años se han separado.	Nach drei Jahren haben sie sich getrennt.
el divorcio [di'ƀɔrθĭo]	Scheidung
divorciarse [diƀɔr'θĭarse]	sich scheiden lassen
Se divorciaron el año pasado.	Sie haben sich letztes Jahr scheiden lassen.
el viudo ['bĭuđo]	Witwer
la viuda ['bĭuđa]	Witwe
conocer a alguien [kono'θɛr a 'algĭen]	jmd kennen lernen, kennen
He conocido a un tío muy majo.	Ich habe einen sehr netten Typ kennen gelernt.

INFOKASTEN

Das Verb *conocer* hat verschiedene Bedeutungen:
No conozco a su madre. Ich kenne ihre Mutter nicht.
Ayer conocí a una chica. Gestern habe ich ein Mädchen kennen gelernt.

encontrarse [eŋkɔn'trarse]	treffen, sich befinden
Me he encontrado con mi hermana en un restaurante italiano.	Ich habe mich mit meiner Schwester in einem italienischen Restaurant getroffen.
la visita [bi'sita]	Besuch
el visitante [bisi'tante]	Besucher
hacer amistad [a'θɛr amis'tađ]	Freundschaft schließen, sich anfreunden
Hice amistad con José y su mujer.	Ich habe mich mit José und seiner Frau angefreundet.
venir (con) [be'nir (kɔn)]	(mit)kommen
la cita ['θita]	Verabredung
El sábado por la noche tengo una cita.	Am Samstagabend habe ich eine Verabredung.

INFOKASTEN

Sowohl für eine private Verabredung als auch für einen Termin beim Arzt sagt man im Spanischen *cita*. *Tengo una cita con el dentista.* Ich habe einen Termin beim Zahnarzt.
No puede venir a la fiesta porque tiene otra cita. Er kann nicht zur Party kommen, weil er eine andere Verabredung hat.

pasar [pa'sar]	verbringen
salir [sa'lir]	ausgehen
participar [partiθi'par]	teilnehmen
salir con alguien [sa'lir kon 'alg̡ĭen]	mit jmd gehen
Salió con José durante seis meses.	Sie ging sechs Monate mit José.
invitar [imbi'tar]	einladen
la invitación [imbita'θĭɔn]	Einladung
celebrar [θele'ƀrar]	feiern
la celebración [θeleƀra'θĭɔn]	Fest, Feier
la fiesta ['fĭesta]	Party, Fest
el regalo [rrɛ'g̡alo]	Geschenk
regalar [rrɛg̡a'lar]	schenken
Le ha regalado un collar de plata para su cumpleaños.	Sie hat ihm eine Silberkette zum Geburtstag geschenkt.
felicitar [feliθi'tar]	gratulieren
Le felicitó por su ascenso.	Sie gratulierte ihm zu seiner Beförderung.

8. Gespräche und Interaktionen

decir [de'θir]	sagen
hablar [a'ƀlar]	reden, sprechen
¿Podemos hablar un momento?	Kann ich kurz mit dir sprechen?
No se hablan.	Sie reden nicht miteinander.
el idioma [i'đĭoma]	Sprache
la lengua ['leŋgwa]	Sprache
el discurso [dis'kurso]	Ansprache, Rede
Ha hecho un discurso muy largo.	Er hat eine sehr lange Rede gehalten.
traducir [trađu'θir]	übersetzen

la conversación [kɔmbɛrsa'θĭɔn]	Gespräch, Unterhaltung
Las conversaciones políticas duraron una hora.	Die politischen Unterredungen dauerten eine Stunde.
el entretenimiento [entreteni'mĭento]	Unterhaltung, Zeitvertreib
entretener [entrete'nɛr]	unterhalten
El show fue muy entretenido.	Die Show war sehr unterhaltsam.
opinar [opi'nar]	meinen, denken
¿Qué opinas sobre eso?	Was denkst du darüber?
la opinión [opi'nĭɔn]	Meinung
el significado [significi'kađo]	Bedeutung
significar [signifi'kar]	bedeuten
¿Qué significa todo esto?	Was hat das alles zu bedeuten?
la importancia [impɔr'tanθĭa]	Wichtigkeit, (große) Bedeutung
Es una cosa de mucha importancia.	Das ist eine Sache von großer Bedeutung.
el informe [im'fɔrme]	Bericht
El informe anual no es correcto.	Der Jahresbericht ist nicht korrekt.
informar [imfɔr'mar]	berichten, melden, informieren
Informó a la policía del accidente.	Er meldete den Unfall der Polizei.
contar [kɔn'tar]	erzählen
el cuento ['kwento]	Geschichte
la broma ['broma]	Witz, Scherz
preguntar [pregun'tar]	fragen, anfragen, sich erkundigen
Preguntó por su salud.	Sie erkundigte sich nach seiner Gesundheit.
la pregunta [pre'gunta]	Frage, Anfrage
la respuesta [rrɛs'pwesta]	Antwort
No sabía la respuesta a su pregunta.	Sie wusste keine Antwort auf seine Frage.
Como respuesta a su pregunta le envié los documentos que pedía.	Als Antwort auf seine Frage sandte ich die Unterlagen, um die er gebeten hatte.
responder [rrɛspɔn'dɛr]	antworten
la contestación [kɔntesta'θĭɔn]	Antwort
contestar [kɔntes'tar]	antworten
comunicar [komuni'kar]	mitteilen
la información [imfɔrma'θĭɔn]	Information
explicar [espli'kar]	erklären

la explicación [esplika'θĭɔn]	Erklärung
Me debe una explicación.	Er schuldet mir eine Erklärung.
interrumpir [intɛrrum'pir]	unterbrechen
exigir [ɛksi'xir]	auffordern, verlangen
ordenar [ɔrđe'nar]	befehlen, bestellen
la petición [peti'θĭɔn]	Bitte, Wunsch, Ersuchen, Anfrage
Su petición fue denegada.	Ihr Ersuchen wurde abgelehnt.
el ruego ['rrwego]	Bitte, Wunsch, Ersuchen
Tengo un ruego.	Ich habe eine Bitte.
pedir [pe'đir]	bitten
Pidió apoyo.	Er bat um Unterstützung.
rechazar [rrɛtʃa'θar]	ablehnen, verweigern
el rechazo [rrɛtʃa'θo]	Ablehnung
estar de acuerdo [es'tar de a'kwɛrđo]	zustimmen, sich einigen
el acuerdo [a'kwɛrđo]	Vereinbarung
contradecir [kɔntrađe'θir]	widersprechen
Te contradices.	Du widersprichst dir selber.
la contradicción [kɔntrađik'θĭɔn]	Widerspruch
reñir [rrɛ'ɲir]	streiten
la riña ['rriɲa]	Streit
pelear [pele'ar]	streiten
la pelea [pe'lea]	Streit, Schlägerei, Rauferei
Tuvieron una pelea muy grande.	Sie hatten einen heftigen Streit.

INFOKASTEN

Reñir und *pelear* sind Synonyme, aber das Substantiv *pelea* ist in der Bedeutung stärker als *riña* und bezieht sich häufig auf körperliche Gewalt.

el argumento [argu'mento]	Argument
Sus argumentos no le convencen.	Seine Argumente überzeugen sie nicht.
discutir [disku'tir]	diskutieren
el consejo [kɔn'sɛxo]	Rat
En contra de su consejo se compró un coche de segunda mano.	Entgegen seinem Rat kaufte sie ein gebrauchtes Auto.
aconsejar [akonsɛ'xar]	raten, beraten

recomendar [rrɛkomen'dar] | empfehlen
la recomendación [rrɛkomenda'θĭɔn] | Empfehlung
la indicación [indika'θĭɔn] | Hinweis, Tipp
imaginarse [imaxi'narse] | annehmen, vermuten
reprochar [rrɛpro'tʃar] | vorwerfen, vorhalten
admitir [ađmi'tir] | zugeben, aufnehmen, billigen

INFOKASTEN

Das Verb *admitir* hat verschiedene Bedeutungen, unter anderem:
zugeben - *Admito que no tenía razón.* Ich gebe zu, dass ich kein recht hatte.
aufnehmen - *Por fin le han admitido en el club.* Endlich ist er im Club aufgenommen worden.

la defensa [de'fensa]	Verteidigung
Hay un par de cosas que decir en su defensa.	Es gibt einiges zu seiner Verteidigung zu sagen.
defender [defen'đɛr]	verteidigen
la disculpa [dis'kulpa]	Entschuldigung
Acepto tu disculpa.	Ich nehme deine Entschuldigung an.
disculparse [diskul'parse]	sich entschuldigen
Disculpa mi falta de educación.	Entschuldige meine Respektlosigkeit.
considerar [kɔnsiđe'rar]	erwägen, betrachten, prüfen
convencer [kɔnƀen'θɛr]	überzeugen
Su explicación no me convence.	Seine Erklärung überzeugt mich nicht.
sugerir [suxe'rir]	vorschlagen
Sugirió ir al cine.	Sie schlug vor, ins Kino zu gehen.
la sugerencia [suxe'renθĭa]	Vorschlag
susurrar [susu'rrar]	flüstern
llamar [ʎa'mar]	rufen
gritar [gri'tar]	schreien
¡No me grites!	Schrei mich nicht an!
la comunicación [komunika'θĭɔn]	Kommunikation
la demanda [de'manda]	Anfrage
hacer una demanda [a'θɛr 'una de'manda]	anfragen

la decisión [deθi'sĭɔn]	Entscheidung
decidir [deθi'đir]	entscheiden
mencionar [menθio'nar]	erwähnen
repetir [rrɛpe'tir]	wiederholen
¿Puedes repetir tu pregunta? No la he entendido del todo.	Kannst du deine Frage wiederholen? Ich habe sie überhaupt nicht verstanden.
confirmar [kɔmfir'mar]	bestätigen
Confirmó su afirmación.	Sie bestätigte seine Aussage.
afirmar [afir'mar]	behaupten
cancelar [kanθe'lar]	absagen
Debido a su accidente tuvieron que cancelar las vacaciones.	Wegen seines Unfalls mussten sie ihren Urlaub absagen.
permitir [pɛrmi'tir]	erlauben
prohibir [proi'ƀir]	verbieten
quejarse [kɛ'xarse]	sich beschweren
Se queja todo el tiempo.	Er beschwert sich die ganze Zeit.
queja ['kɛxa]	Beschwerde
Hizo una queja oficial ante las autoridades.	Sie reichte bei den Behörden eine offizielle Beschwerde ein.
describir [deskri'ƀir]	beschreiben
En la carta describe sus experiencias en el extranjero.	In dem Brief beschreibt er seine Erfahrungen im Ausland.
predecir [prede'θir]	voraussagen
expresar [espre'sar]	ausdrücken
El gobierno expresa su preocupación por la juventud sin empleo.	Die Regierung drückt ihre Sorge über arbeitslose Jugendliche aus.
la instrucción [instruk'θĭɔn]	Anweisung, Anleitung, Schulung
instruir [instru'ir]	anleiten, einweisen, schulen
el punto de vista [el 'punto de 'bista]	Standpunkt
No comparto tu punto de vista.	Ich teile deinen Standpunkt nicht.
elogiar [elɔ'xĭar]	loben
El jefe elogió el compromiso de José.	Der Chef lobte Josés Engagement.
prometer [prome'tɛr]	versprechen

9. Angaben zur Person und höfliche Redewendungen

el hombre ['ɔmbre] Mann
el señor [se'ɲɔr] Mann, Herr
el Sr (López) Herr (López)

INFOKASTEN

Señor wird mit Artikel gebraucht, wenn man über die Person spricht. Wenn man sie direkt anspricht, dann fällt der Artikel weg.
El Señor López no ha llegado. Herr López ist nicht angekommen.
¡Buenos días, Señor López! Guten Tag, Herr López.

la mujer [mu'xɛr] Frau
la señora [se'ɲora] Frau
la Sra (López) Frau (López)
la señorita [seɲo'rita] Fräulein
la dama ['dama] Dame
el caballero [kaƀa'ʎero] Herr
el nombre ['nɔmbre] Name, Vorname
el apellido [ape'ʎiđo] Nachname
llamarse [ʎa'marse] heißen
Me llamo ... [me 'ʎamo] Ich heiße ...
Tengo ... años. ['tengo ... 'aɲos] Ich bin ... Jahre alt.
presentarse [presen'tarse] sich vorstellen
presentar a alguien [presen'tar a 'algĭen] jmd vorstellen
¿Me permite que le presente a ...? Darf ich Ihnen ... vorstellen?
saludar [salu'đar] begrüßen
despedir (a) [despe'đir (a)] verabschieden
dar la bienvenida [dɑr la bĭenƀe'niđa] willkommen, willkommen heißen
¿Cómo se llama? Wie ist Ihr Name?
¿Cómo te llamas? Wie heißt du?
¿Dónde vive? Wo leben/wohnen Sie?

¿En qué trabaja?	Was machen Sie beruflich?
¿Qué tal está?	Wie geht es Ihnen?
¡Encantado/a! [eŋkan'tađo/-a]	Sehr erfreut.
¡Mucho gusto! ['mutʃo 'gusto]	Sehr erfreut.
El placer es mío.	Ganz meinerseits.
¡Hola! ['ola]	Hallo
buenos días ['bwenos 'dias]	guten Morgen, guten Tag
buenas tardes ['bwenas 'tardes]	guten Abend

INFOKASTEN

Buenas tardes sagt man nach dem Mittagessen bis zum Einbruch der Dunkelheit. *Buenas noches* sagt man schon nach Einbruch der Dunkelheit und nicht erst, wenn man schlafen geht.

buenas noches ['bwenas 'notʃes]	gute Nacht
buen fin de semana ['bwen fin de se'mana]	schönes Wochenende
Te deseo un buen fin de semana.	Ich wünsche dir ein schönes Wochenende.
adiós [a'đĭɔs]	auf Wiedersehen
hasta luego ['asta 'lwego]	bis später
hasta la próxima ['asta la 'prɔgsima]	bis zum nächsten Mal
hasta pronto ['asta 'pronto]	bis bald
¡Estate en contacto!	Lass von dir hören!
¡Que te vaya bien!	Lass es dir gut gehen!
Salude a ... de mi parte.	Grüßen Sie ... von mir.
por favor [pɔr fa'ƀɔr]	bitte
¡Un segundo, por favor!	Eine Sekunde, bitte!
gracias ['graθĭɑs]	danke
pase ['pase]	nach Ihnen, herein
de nada [de 'nađa]	gern geschehen, bitte, keine Ursache
adelante [ađe'lante]	herein
¡Siéntese! ['sĭentese]	Nehmen Sie Platz!
¡Disculpa! [dis'kulpa]	Entschuldigung!
Lo siento. [lo' sĭento]	Es tut mir leid.
¿Cómo dice(s)? ['komo 'diθe(s)]	Wie bitte?

BILDUNG UND LERNEN

la guardería [gwarđe'ria]	Kindergarten
el colegio [ko'lɛxĭo]	Schule
la escuela [es'kwela]	Schule
la escuela primaria [es'kwela pri'marĭa]	Grundschule
el instituto (de enseñanza media) [insti'tuto (de ense'ɲansɑ 'međĭa)]	Gymnasium

INFOKASTEN

Achtung! *Gymnasium* ist nicht mit dem Wort *gimnasio* (Turnhalle) zu verwechseln!

la selectividad [selektiƀi'đađ]	Abitur
la universidad [uniƀɛrsi'đađ]	Universität
el aprendizaje [aprendi'θaxe]	Lehre
el aprendiz [apren'diθ]	Lehrling
la formación profesional [fɔrma'θĭɔn profesĭo'nal]	Berufsausbildung
la formación [fɔrma'θĭɔn]	Bildung, Ausbildung
el profesor [profe'sɔr]	Lehrer
el director [dirɛk'tɔr]	Direktor
el/la escolar [esko'lar]	Schüler/in

INFOKASTEN

Im Spanischen bezieht sich das Wort *estudiante* nicht ausschließlich auf Universitätsstudenten, sondern auf Lernende aller Art.

el/la estudiante [estu'đĭante]	Student/in, Schüler/in
estudiar [estu'dĭar]	studieren
enseñar [ense'ɲar]	lehren
aprender [apren'dɛr]	lernen
la asignatura [asigna'tura]	Fach
Mi hijo tiene muchas asignaturas en la esuela.	Mein Sohn hat viele Fächer in der Schule.

la clase ['klase]	Unterrichtsstunde, Klasse
el curso ['kurso]	Kurs
asistir [asis'tir]	besuchen, teilnehmen
No asistió a clase con regularidad.	Er nahm nicht regelmäßig am Kurs teil.
el texto ['testo]	Text
el libro ['liƀro]	Buch
la biblioteca [biƀlĭo'teka]	Bibliothek
el examen [ɛk'samen]	Examen, Prüfung, Test
el diploma [di'ploma]	Diplom
la licenciatura [liθenθĭa'tura]	Hochschulabschluss, Diplom, Magister
la nota ['nota]	Note
corregir [kɔrrɛ'xir]	korrigieren
aprobar [apro'ƀar]	bestehen
Espero aprobar el examen.	Ich hoffe, die Prüfung zu bestehen.
suspender [suspen'dɛr]	durchfallen (durch eine Prüfung)
Si suspendo el examen tendré que repetirlo.	Wenn ich durch die Prüfung falle, muss ich sie wiederholen.
el ejercicio [exɛr'θiθĭo]	Übung
los deberes *pl* [de'ƀeres]	Hausaufgaben
El profesor puso muchos deberes a los alumnos.	Der Lehrer gab den Schülern viele Hausaufgaben auf.
correcto [kɔ'rrɛkto]	richtig
incorrecto [iŋkɔ'rrɛkto]	falsch
el error [ɛ'rrɔr]	Fehler
Sólo tuve dos errores en el examen.	Ich habe bei dem Test nur zwei Fehler gemacht.
el talento [ta'lento]	Begabung
María tiene talento para cantar.	Maria hat Talent zum Singen.

INFOKASTEN

Wer als Student einen Gastaufenthalt an einer katalonischen Universität plant, muss sich darauf einstellen, dass an den dortigen Hochschulen in der Regel auf Katalanisch gelehrt wird. Jedoch steht es den Studenten frei, im Unterricht und in den Klausuren Spanisch zu benutzen. Auch an den katalanischen Schulen wird der Unterricht auf *Catalán* abgehalten.

FREIZEIT UND HOBBY

1. Freizeit

el tiempo libre ['tĭempo 'liƀre]	Freizeit
Paso casi todo mi tiempo libre en la pista de tenis.	Ich verbringe fast meine gesamte Freizeit auf dem Tennisplatz.
el hobby ['xoƀi]	Hobby
la actividad [aktiƀi'đađ]	Aktivität
pasear [pase'ar]	spazieren gehen
hacer andada [a'θɛr an'dađa]	wandern
jugar [xu'gar]	spielen
el juego ['xwego]	Spiel
vaguear [ba'gear]	faulenzen
relajarse [rrɛla'xarse]	sich entspannen, sich erholen
descansar [deskan'sar]	ausruhen, sich erholen
Estoy tan cansado que creo que voy a descansar y echarme una siesta.	Ich bin so müde. Ich glaube, ich werde mich ausruhen und ein Nickerchen machen.
el descanso [des'kanso]	Pause, Erholung
Hago el descanso de mediodía a las 12h.	Ich mache meine Mittagspause um 12 Uhr.
¡Dame un descanso! *fig*	Mach mal halblang!
en forma [en 'fɔrma]	fit
el recreo [rrɛ'krɛo]	Erholung
la diversión [diƀɛr'sĭɔn]	Spaß
bailar [baĭ'lar]	tanzen

2. Sport

el deporte [de'pɔrte]	Sport
el tenis ['tenis]	Tennis
el fútbol ['futƀol]	Fußball
montar a caballo [mɔn'tar a ka'ƀaʎo]	reiten

nadar [na'đar]	schwimmen
correr [kɔ'rrɛr]	laufen, rennen
la carrera [ka'rrɛra]	Rennen, Lauf
esquiar [eski'ar]	Ski fahren
hacer vela [a'θɛr 'bela]	segeln
el equipo [e'kipo]	Mannschaft
El equipo entrenó duramente.	Die Mannschaft trainierte hart.
entrenar [entre'nar]	trainieren
la pelota [pe'lota]	Ball
el balón [ba'lɔn]	Ball

INFOKASTEN

Achtung! Luftballon heißt *globo* auf Spanisch. Nicht zu verwechseln mit dem spanischen Wort *balón* (Ball). Tennis- oder Tischtennisbälle nennt man *pelota*.

la raqueta [rra'keta]	Schläger
el concurso [kɔŋ'kurso]	Wettkampf, Wettbewerb
María ha ganado un concurso de belleza.	Maria hat einen Schönheitswettbewerb gewonnen.
el torneo [tɔr'neo]	Turnier
el estadio [es'tađio]	Stadion
Todas las entradas del estadio estaban vendidas.	Das Stadion war ausverkauft.
el partido [par'tiđo]	Spiel
El partido comenzó a las 20h.	Das Spiel begann um 20 Uhr.
el jugador [xuga'đɔr]	Spieler
el árbitro ['arƀitro]	Schiedsrichter
el gol [gol]	Tor
El árbitro señaló un gol haciendo sonar su silbato.	Der Schiedsrichter zeigte ein Tor an, indem er seine Trillerpfeife ertönen ließ.
el vencedor [benθe'đɔr]	Sieger
el perdedor [pɛrđe'đor]	Verlierer
la medalla [me'đaʎa]	Medaille
la salida [sa'liđa]	Start
el récord ['rrɛkor]	Rekord
Tiene el récord mundial en sprint.	Er hält den Weltrekord im Sprint.

3. Reise und Urlaub

el viaje [bi'axe]	Reise, Fahrt
viajar [bia'xar]	reisen
Le gusta viajar a países exóticos.	Sie reist gerne in exotische Länder.
las vacaciones *pl* [baka'θĭones]	Urlaub, Ferien

INFOKASTEN

Achtung! *Vacaciones* wird immer im Plural verwendet und wird oft mit der Präposition *de* gebraucht. *¿Cúando te vas de vacaciones?* Wann fährst du in Urlaub?

la temporada alta [tempo'rađa 'alta]	Hauptsaison
Durante la temporada alta los precios de las habitaciones cuestan el doble.	In der Hauptsaison sind die Zimmerpreise doppelt so hoch.
la temporada baja [tempo'rađa 'baxa]	Nebensaison
la agencia de viajes [a'xenθĭa de bi'axes]	Reisebüro
reservar [rrεsεr'ƀar]	buchen
la maleta [ma'leta]	Koffer
Antes de irme de vacaciones tengo que hacer la maleta.	Bevor ich in den Urlaub fahre, muss ich den Koffer packen.
la mochila [mo'tʃila]	Rucksack
el equipaje [eki'paxe]	Gepäck
el equipaje de mano [eki'paxe de 'mano]	Handgepäck
Sólo se permite una pieza de equipaje de mano por pasajero.	Pro Passagier ist nur ein Stück Handgepäck erlaubt.
el neceser [neθe'ser]	Kulturbeutel
hacer la maleta [a'θεr la ma'leta]	den Koffer packen
el pasaporte [pasa'pɔrte]	Pass
el hotel [ɔ'tεl]	Hotel
la pensión [pen'sĭɔn]	Pension

el albergue juvenil [al'ƀɛrge xuƀe'nil]	Jugendherberge
la piscina [pis'θina]	Swimmingpool
las vistas *pl* al mar ['bistas al 'mar]	Meerblick
Querríamos reservar una habitación doble con balcón y vistas al mar.	Wir würden gern ein Doppelzimmer mit Meerblick und Balkon buchen.
el vuelo ['bwelo]	Flug
Hay que confirmar el vuelo.	Man muss den Flug bestätigen.
el billete [bi'ʎete]	Ticket
el billete de vuelta [bi'ʎete de 'bwɛlta]	Rückfahrkarte
la salida [sa'liđa]	Abreise
la llegada [ʎe'gađa]	Ankunft
el retraso [rrɛ'traso]	Verspätung
Llegamos con mucho retraso.	Wir kamen mit großer Verspätung an.
la conexión [konɛk'sĭɔn]	Anschluss
el enlace [en'laθe]	Anschluss
Debido al retraso perdimos nuestro vuelo de enlace.	Wegen der Verspätung haben wir unseren Anschlussflug verpasst.
el turista [tu'rista]	Tourist
el pasajero [pasa'xero]	Passagier
el huésped ['wespeđ]	Gast
el alojamiento [alɔxa'mĭento]	Unterkunft
La agencia de viajes se ocupa del transporte y del alojamiento.	Das Reisebüro kümmert sich um Transport und Unterkunft.
la pensión completa [pen'sĭɔn kɔm'pleta]	Vollpension
la media pensión ['međĭa pen'sĭɔn]	Halbpension
la noche con desayuno ['notʃe kɔn desa'juno]	Übernachtung mit Frühstück
el camping ['kampiŋ]	Campingplatz
la tienda de campaña ['tĭenda de kam'paɲa]	Zelt

el viaje organizado [bi'axe ɔrgani'θado]	Pauschalreise
el tour [tur]	Rundreise
el/la guía de viaje ['gia de bi'axe]	Reiseleiter

INFOKASTEN

Das Wort *guía* bleibt im Maskulin und Feminin unverändert.

el lugar de interés [lu'gɑr de inte'res]	Sehenswürdigkeit
la excursión [eskur'sĭɔn]	Ausflug
visitar [bisi'tar]	besichtigen, besuchen
En nuestro primer día en Roma visitamos el Vaticano.	An unserem ersten Tag in Rom haben wir den Vatikan besichtigt.
el tour por la ciudad [tur pɔr la θĭu'đađ]	Stadtrundfahrt
la estancia [estan'θĭa]	Aufenthalt
Espero que disfruten de su estancia.	Ich hoffe, Sie genießen Ihren Aufenthalt.
quedarse [ke'đarse]	sich aufhalten
el crucero [kru'θero]	Kreuzfahrt
la toalla de playa [to'aʎa de 'plaja]	Strandtuch
tomar el sol [to'mar el sol]	sich sonnen
el moreno [mo'reno]	Sonnenbräune
Tienes un moreno muy bonito.	Du hast eine schöne (Sonnen-)Bräune.
la protección solar [protɛk'θĭɔn so'lar]	Sonnenschutz

INFOKASTEN

Der Tourismus spielt für die spanische Wirtschaft eine erhebliche Rolle. Spanien ist in Europa das Reiseland Nummer eins. Bei den zahlreichen ausländischen Besuchern, die jedes Jahr ins Land strömen, sind nicht nur die Küstenregionen und Inseln sehr beliebt, sondern auch Städte wie Madrid, Barcelona, Sevilla, Granada und Toledo.

KUNST UND KULTUR

el arte ['arte]	Kunst
la cultura [kul'tura]	Kultur
la música ['musika]	Musik
el concierto [kɔn'θĭɛrto]	Konzert
tocar [to'kar]	(ein Instrument) spielen

INFOKASTEN

Im Zusammenhang mit Musik und Instrumenten heißt spielen *tocar*, ansonsten *jugar*.

la canción [kan'θĭɔn]	Lied
la melodía [melo'đia]	Melodie
Esa melodía me recuerda a algo.	Diese Melodie erinnert mich an etwas.
cantar [kan'tar]	singen
Canta muy mal.	Sie singt sehr schlecht.
la partitura [parti'tura]	Partitur
el piano ['pĭano]	Klavier
el violín [bĭo'lin]	Geige
la guitarra [gi'tarra]	Gitarre
la flauta ['flaŭta]	Flöte
el instrumento de cuerda [instru'mento de 'kwɛrđa]	Streichinstrument
el instrumento de viento [instru'mento de 'bĭento]	Blechblasinstrument
el instrumento (de viento) de madera [instru'mento (de 'bĭento) de ma'đera]	Holzblasinstrument
la batería [bate'ria]	Schlagzeug
la ópera ['opera]	Oper
el/la cantante [kan'tante]	Sänger/in
el acto ['akto]	Akt
el teatro [te'atro]	Theater
la pieza de teatro ['pĭeθa de te'atro]	Theaterstück

representar [rrɛpresen'tar]	aufführen, (eine Rolle) spielen
La actriz ha representado su papel de maravilla.	Die Schauspielerin hat ihre Rolle hervorragend gespielt.
la representación [rrɛpresenta'θĭɔn]	Aufführung
el público ['puƀliko]	Publikum
el actor [ak'tɔr]	Schauspieler
la actriz [ak'triθ]	Schauspielerin
el aplauso [a'plauso]	Applaus
Los aplausos fueron impresionantes.	Der Applaus war überwältigend.
la butaca [bu'taka]	Sitzplatz
el cine ['θine]	Kino
la película [pe'likula]	Film

INFOKASTEN

Das Wort *película* bezieht sich auf den Spielfilm im Kino. Wenn man aber einen Film für den Fotoapparat kaufen möchte, dann muss man nach einem *carrete* fragen.

el museo [mu'seo]	Museum
la exposición [esposi'θĭɔn]	Ausstellung
la foto ['foto]	Foto
la pintura [pin'tura]	Malerei, Farbe, Bild, Gemälde

INFOKASTEN

Mit *la pintura* wird sowohl die Malerei bezeichnet als auch die Farbe, die der Maler benutzt, sowie das Bild bzw. Gemälde.

pintar [pin'tar]	malen
el cuadro ['kwađro]	Gemälde, Bild
la fotografía [fotogra'fia]	Fotografie
la cámara ['kamara]	Kamera
la literatura [litera'tura]	Literatur
el/la autor/a [aŭ'tɔr/-a]	Autor
El autor presentó al público una lectura de su nueva obra.	Der Autor stellte dem Publikum in einer Lesung seinen neuesten Roman vor.

TRANSPORT UND VERKEHR

el transporte [tranz'pɔrte]	Transport
el transporte público [trans'pɔrte 'puƀliko]	öffentliche Verkehrsmittel
el tráfico ['trafiko]	Verkehr
el atasco [a'tasko]	Stau
De camino al trabajo me he encontrado con un atasco.	Auf dem Weg zur Arbeit bin ich in einem Stau stecken geblieben.
el coche ['kotʃe]	Auto

INFOKASTEN

Während die Spanier von *coche* und *autobús* sprechen, wird in Lateinamerika für Pkw *carro* oder *auto*, für Bus auch *guagua* gesagt.

el camión [ka'mĭɔn]	Lastwagen
la furgoneta [furgo'neta]	Lieferwagen
la bicicleta [biθi'kleta]	Fahrrad
la motocicleta [motoθi'kleta]	Motorrad
el taxi ['taksi]	Taxi
el coche de alquiler ['kotʃe de alki'lɛr]	Mietwagen
el metro ['metro]	U-Bahn
el autobús [aŭto'ƀus]	Bus
el tranvía [tram'ƀia]	Straßenbahn
el autocar [aŭto'kar]	Reisebus
el tren [tren]	Zug
el barco ['barko]	Schiff
la barca ['barka]	Boot
el ferry ['ferri]	Fähre
el avión [a'ƀĭɔn]	Flugzeug
la estación de ferrocarril [esta'θĭɔn de fɛrrɔka'rril]	Bahnhof
el andén [an'den]	Bahnsteig
la compañía aérea [kɔmpa'ɲia a'ɛrea]	Fluggesellschaft

el aeropuerto [aεro'pwεrto]	Flughafen
El aeropuerto internacional de Barcelona se llama El Prat.	Der internationale Flughafen von Barcelona heißt El Prat.
la puerta ['pwεrta]	Flugsteig
El vuelo a Madrid sale de la puerta 9.	Der Flug nach Madrid geht vom Flugsteig 9 ab.
el puerto ['pwεrto]	Hafen
el mostrador [mɔstra'đɔr]	Schalter
el revisor [rrεƀi'sɔr]	Schaffner
picar [pi'kar]	stempeln, entwerten
No olvide picar el billete.	Vergessen Sie nicht Ihre Fahrkarte zu stempeln.
la tarifa [ta'rifa]	Tarif
la parada [pa'rađa]	Haltestelle
Tiene que bajarse en la segunda parada.	Sie müssen an der zweiten Haltestelle aussteigen.
la última estación ['ultima esta'θĭɔn]	Endstation
el horario [o'rarĭo]	Fahrplan
conducir [kɔndu'θir]	fahren

INFOKASTEN

Für Auto fahren sagt man in Lateinamerika nicht *conducir* sondern *manejar*. *Juan maneja muy bien* (Lateinamerika). *Juan conduce muy bien* (Spanien). Juan fährt sehr gut.

ir [ir]	fahren, gehen
He ido en coche a la gasolinera.	Ich bin mit dem Auto zur Tankstelle gefahren.
Me gusta más ir en bici.	Ich fahre lieber mit dem Fahrrad.
volar [bo'lar]	fliegen
ir a pie [ir de pĭe]	zu Fuß gehen
a pie [pĭe]	zu Fuß
la autopista [aŭto'pista]	Autobahn
La autopista está bloqueada.	Die Autobahn ist blockiert.
la carretera nacional [karrε'tera naθĭo'nal]	Landstraße

la carretera principal [karrɛ'tera prinθi'pal]	Hauptstraße
la carretera de una sola vía [karrɛ'tera de 'una 'sola 'ƀia]	Einbahnstraße
la calle ['kaʎe]	Straße
Se lleva noche y día en la calle.	Er verbringt Tag und Nacht auf der Straße.
la carretera [karrɛ'tera]	Straße
girar [xi'rar]	abbiegen, drehen, umdrehen
Creo que vamos en la dirección incorrecta. Gira en la próxima esquina, por favor.	Ich glaube, wir fahren in die falsche Richtung. Bitte dreh an der nächsten Ecke um.
dar la vuelta [dar la 'bwɛlta]	umkehren
la acera [a'θera]	Bürgersteig
el peatón [pea'tɔn]	Fußgänger
Se ruega a los peatones que usen la acera.	Fußgänger werden gebeten, den Bürgersteig zu benutzen.
el cruce ['kruθe]	Kreuzung
En el próximo cruce gire a la izquierda.	Biegen Sie an der nächsten Kreuzung links ab.
el semáforo [se'maforo]	Ampel
El semáforo se pone rojo.	Die Ampel schaltet auf Rot.
la dirección [dirɛk'θi̯ɔn]	Richtung
Esta es la dirección correcta.	Das ist die richtige Richtung.
la señal [se'ɲal]	Straßenschild
Para sacar el carnet de conducir se tienen que conocer todas las señales de tráfico.	Um den Führerschein zu bestehen, muss man alle Verkehrsschilder kennen.
la hora punta ['ora 'punta]	Hauptverkehrszeit
En la hora punta el tráfico es muy denso.	In der Hauptverkehrszeit herrscht sehr dichter Verkehr.

INFOKASTEN

Im Spanischen werden in Verbindung mit einigen Substantiven die Verben *andar* oder *montar* für fahren gebraucht.
¿Sabes andar en bicicleta? Kannst du Fahrrad fahren?
Le encanta montar en moto. Er liebt Motorrad fahren.

el pueblo ['pweƀlo]	Dorf
la granja ['graŋxa]	Bauernhof
el granjero [gran'xero]	Bauer
el agricultor [agrikul'tɔr]	Bauer
la ciudad pequeña [θĭu'đađ pe'keɲa]	Kleinstadt
la ciudad [θĭu'đađ]	Stadt
el centro (de ciudad) ['θentro (de θĭu'đađ)]	Innenstadt, Zentrum
el ayuntamiento [ajunta'mĭento]	Rathaus
El ayuntamiento está abierto al público los miércoles.	Das Rathaus ist mittwochs für den Publikumsverkehr geöffnet.
el alcalde [al'kalde]	Bürgermeister
El alcalde de nuestra ciudad hace su trabajo muy bien.	Der Bürgermeister unserer Stadt macht seine Arbeit sehr gut.
el parque ['parke]	Park
la plaza ['plaθa]	Platz
el monumento [monu'mento]	Denkmal
el cementerio [θemen'terĭo]	Friedhof
el zoo [θoo]	Zoo
el plano de la ciudad ['plano de la θĭu'đađ]	Stadtplan
Sin plano de la ciudad estoy perdido.	Ohne Stadtplan bin ich verloren.
el puente ['pwente]	Brücke
la estación de servicio [esta'θĭɔn de sɛr'ƀiθĭo]	Tankstelle
Paramos en la estación de servicio para echar gasolina.	Wir hielten an der Tankstelle zum Tanken.
la gasolinera [gasoli'nera]	Tankstelle
el parking ['parkiŋ]	Parkhaus
el aparcamiento [aparka'mĭento]	Parkplatz
el edificio de oficinas [eđi'fiθĭo de ofi'θinas]	Bürogebäude

NATUR UND UMWELT

1. Elemente und Himmelsrichtungen

el fuego ['fwego]	Feuer, Brand
el agua *f* ['agwa]	Wasser
el aire ['aĭre]	Luft
la tierra ['tĭɛrra]	Erde

INFOKASTEN

Tierra wird nur groß geschrieben, wenn man sich auf den Planeten bezieht. *Vivimos en la Tierra.* Wir leben auf der Erde. *No queda tierra en el tiesto.* Im Topf ist keine Erde mehr.

el norte ['nɔrte]	Nord
el sur [sur]	Süd
el oeste [o'este]	West
el este ['este]	Ost
el noroeste [noro'este]	Nord-West
el nordeste [nor'đeste]	Nord-Ost
el sureste [sur'este]	Süd-Ost
el suroeste [suro'este]	Süd-West

2. Klima und Wetter

el mundo ['mundo]	Welt
el planeta [pla'neta]	Planet
el sol [sɔl]	Sonne
la luna ['luna]	Mond
la estrella [es'treʎa]	Stern

INFOKASTEN

Die Sternschnuppe heißt auf Spanisch *la estrella fugaz. Tener buena* oder *mala estrella* kann auch Glück oder Pech haben bedeuten.

el clima ['klima]	Klima
el tiempo ['tĭempo]	Wetter
El tiempo es completamente imprevisible.	Das Wetter ist überhaupt nicht vorhersehbar.
el brillo del sol ['briʎo del sɔl]	Sonnenschein
el amanecer [amane'θɛr]	Sonnenaufgang
la puesta del sol ['pwesta del sɔl]	Sonnenuntergang
el viento ['bĭento]	Wind
El viento soplaba y agitaba los árboles.	Der Wind wehte und schüttelte die Bäume.
la tormenta [tɔr'menta]	Sturm, Gewitter
la lluvia ['ʎuƀĭa]	Regen
llover [ʎo'ƀɛr]	regnen
Llovía a cántaros. *fig*	Es goss in Strömen.
el arco iris ['arko 'iris]	Regenbogen
el chubasco [tʃu'ƀasko]	Schauer
el granizo [gra'niθo]	Hagel
La tormenta de granizo nos impidió salir de casa.	Der Hagelsturm machte es uns unmöglich, das Haus zu verlassen.
la nieve ['nĭeƀe]	Schnee
el hielo ['jelo]	Eis, Glatteis
el rayo ['rrajo]	Blitz
el trueno ['trweno]	Donner
la niebla ['nĭeƀla]	Nebel
el cielo ['θĭelo]	Himmel
El cielo estaba despejado.	Der Himmel war wolkenlos.
la nube ['nuƀe]	Wolke
la temperatura [tempera'tura]	Temperatur
frío/a ['frio/-a]	kalt
fresco/a ['fresko/-a]	kühl
cálido/a ['kaliđo/-a]	warm
húmedo/a ['umeđo/-a]	feucht, schwül
Santiago de Compostela tiene un clima húmedo.	Santiago de Compostela hat ein schwüles Klima.
caliente [ka'lĭente]	heiß
el calor [ka'lɔr]	Hitze

INFOKASTEN

Wenn man ausdrücken will, wie das Wetter ist, verwendet man oft das Verb *hacer:*
Hoy hace calor. Heute ist es heiß. *Cuando salí a la calle hacía fresco.* Als ich auf die Straße ging, war es kühl. *¿Qué tal hace?* Wie ist das Wetter?

soplar [so'plar]	wehen
helar(se) [e'lar(se)]	frieren
El estanque se ha helado durante la noche.	Der Teich ist über Nacht zugefroren.
la previsión del tiempo [preƀi'sĭɔn del 'tĭempo]	Wettervorhersage
¿Qué dice la previsión del tiempo para mañana?	Was sagt die Wettervorhersage für morgen an?
la naturaleza [natura'leθa]	Natur
el medio ambiente ['međĭo am'bĭente]	Umwelt
la polución [polu'θĭɔn]	Verschmutzung
La polución ambiental amenaza el planeta.	Die Umweltverschmutzung bedroht die Erde.
la protección del medio ambiente [protɛk'θĭɔn del 'međĭo am'bĭente]	Umweltschutz

3. Material, Stoffe und Energie

el material [mate'rĭal]	Material, Stoff
el tejido [te'xiđo]	Stoff, Gewebe
El tejido es muy delicado.	Der Stoff ist sehr empfindlich.
el algodón [algo'đɔn]	Baumwolle
la lana ['lana]	Wolle
la seda ['seđa]	Seide
Su traje de noche es de pura seda.	Ihr Abendkleid ist aus reiner Seide.
el terciopelo [tɛrθĭo'pelo]	Samt
Las almohadas tenían fundas de terciopelo.	Die Kissen hatten einen Samtbezug.

el lino ['lino]	Leinen
la madera [ma'đera]	Holz
el plástico ['plastiko]	Plastik
el acero [a'θero]	Eisen
el metal [me'tal]	Metall
la goma ['goma]	Gummi
Mis zapatos tienen suelas de goma, así no resbalan tanto.	Meine Schuhe haben Gummisohlen, damit sie nicht so rutschig sind.
la piel [pĭɛl]	Leder
la piedra ['pĭeđra]	Stein
la arena [a'rena]	Sand
el polvo ['pɔlƀo]	Pulver, Puder
los recursos *pl* **naturales** [rrɛ'kursos natu'rales]	Bodenschätze
El país explotaba sus recursos naturales.	Das Land nutzte seine Bodenschätze.
el carbón [kar'ƀɔn]	Kohle
el petróleo [pe'troleo]	Öl
el gas [gas]	Gas
el oro ['oro]	Gold
la plata ['plata]	Silber
la energía [enɛr'xia]	Energie
la electricidad [elɛktriθi'đađ]	Strom, Elektrizität
el vapor [ba'pɔr]	Dampf
el humo ['umo]	Rauch

4. Landschaft

el paisaje [paĭ'saxe]	Landschaft
El paisaje era muy pintoresco.	Die Landschaft war sehr malerisch.
el bosque ['bɔske]	Wald

INFOKASTEN

Achtung! Wenn man den Urwald oder Dschungel meint, sagt man nicht *bosque*, sondern *selva*. Auch der Schwarzwald heißt auf Spanisch: *la selva negra*.

la pradera [pra'đera] — Wiese

el césped ['θespeđ] — Rasen

Papá segaba el césped. — Vater mähte den Rasen.

el campo ['kampo] — Feld

el camino [ka'mino] — Pfad, Weg

el sendero [sen'dero] — Pfad, Weg

Un sendero estrecho guiaba a través del bosque. — Ein schmaler Pfad führte durch den Wald.

la colina [ko'lina] — Hügel

la montaña [mɔn'taɲa] — Berg

el valle ['baʎe] — Tal

la cumbre ['kumƀre] — Gipfel

La cumbre de la montaña desapareció detrás de las nubes. — Der Berggipfel verschwand hinter den Wolken.

la roca ['rrɔka] — Felsen, Felsbrocken

el estanque [es'taŋke] — Teich

el lago ['lago] — See

el mar ['mar] — Meer

el océano [o'θeano] — Ozean

la playa ['plaja] — Strand

la orilla [o'riʎa] — Ufer

Estábamos sentados en la orilla del río viendo la puesta del sol. — Wir saßen am Flussufer und beobachteten den Sonnenuntergang.

la costa ['kɔsta] — Küste

la fuente ['fwente] — Quelle

el río ['rrio] — Fluss

la vista ['bista] — Aussicht

el suelo ['swelo] — Boden, Erde

5. Pflanzen

la planta ['planta] — Pflanze

plantar [plan'tar] — pflanzen

regar [rrɛ'gar] — gießen

Hay que regar las plantas cada día. — Die Pflanzen müssen jeden Tag gegossen werden.

el árbol ['arƀɔl]	Baum
el abeto [a'ƀeto]	Tanne
la palmera [pal'mera]	Palme
el cactus ['kaktus]	Kaktus
la rama ['rrama]	Ast, Zweig
Las ramas eran frondosas y daban sombra.	Die Äste und Zweige waren buschig und spendeten Schatten.
el arbusto [ar'ƀusto]	Busch, Strauch
la flor [flɔr]	Blume, Blüte
el ramo de flores ['rramo de 'flɔres]	Blumenstrauß
la rosa ['rrɔsa]	Rose
el tulipán [tuli'pan]	Tulpe
el macetero [maθe'tero]	Blumentopf
el arriate [a'rrĭate]	Blumenbeet
marchitarse [martʃi'tarse]	welken
Con este calor las flores se marchitan rápido.	In dieser Hitze welken die Blumen schnell.
la semilla [se'miʎa]	Samen
la hierba ['jɛrƀa]	Gras
la hoja ['oxa]	Blatt
En otoño las hojas se ponen marrones.	Im Herbst werden die Blätter braun.
la raíz [rra'iθ]	Wurzel
la mala hierba ['mala 'jɛrƀa]	Unkraut
Voy a escardar las malas hierbas del jardín.	Ich werde das Unkraut im Garten jäten.

6. Tiere

el animal [ani'mal]	Tier
el perro ['pɛrro]	Hund
El perro agitaba el rabo.	Der Hund wedelte mit dem Schwanz.
el gato ['gato]	Katze
el conejo [ko'nɛxo]	Kaninchen
la oveja [o'ƀɛxa]	Schaf

la liebre ['lĭeƀre]	Hase

INFOKASTEN

Die spanische Redewendung *dar gato por liebre* ist sehr gebräuchlich und heißt jemanden reinlegen.

el pollo ['poʎo]	Huhn
el caballo [ka'ƀaʎo]	Pferd
el ratón [rra'tɔn]	Maus
el cerdo ['θɛrđo]	Schwein
la cabra ['kaƀra]	Ziege
Las cabras dan leche.	Ziegen geben Milch.
Está como una cabra. *fig*	Er ist völlig verrückt.
la vaca ['baka]	Kuh
el buey [bwɛĭ]	Ochse
el toro ['toro]	Bulle, Stier
el pájaro ['paxaro]	Vogel
Más vale pájaro en mano que ciento volando. *fig*	Lieber den Spatz in der Hand als die Taube auf dem Dach.
el pato ['pato]	Ente
el ganso ['ganso]	Gans
la rana ['rrana]	Frosch
el pez [peθ]	Fisch
el insecto [in'sɛkto]	Insekt
la mosca ['moska]	Fliege
la abeja [a'ƀɛxa]	Biene
la tortuga [tɔr'tuga]	Schildkröte
la araña [a'raɲa]	Spinne
el gusano [gu'sano]	Wurm
el oso ['oso]	Bär
el león [le'ɔn]	Löwe
el tigre ['tigre]	Tiger
el elefante [ele'fante]	Elefant

INFOKASTEN

Die Redewendung *ser un pato* heißt sehr ungeschickt sein und *ser un ganso* wird für jemanden verwendet, der sehr albern ist.

KOMMUNIKATION UND INFORMATION

1. Post

el correo [kɔ'rrɛo]	Post
(la oficina de) Correos *pl* [(ofi'θina de) kɔ'rrɛos]	Postamt

INFOKASTEN

Meint man die (Brief-)Post, so benutzt man *correo* in der Einzahl. Das Pluralwort *Correos* wird immer groß geschrieben und bezeichnet das Postamt.

la carta ['karta]	Brief
el paquete [pa'kete]	Paket
la postal [pɔs'tal]	Postkarte
la dirección [dirɛk'θĭɔn]	Adresse
el remitente [rrɛmi'tente]	Absender
La carta fue devuelta al remitente porque la dirección era desconocida.	Der Brief ging an den Absender zurück, weil die Adresse unbekannt war.
el receptor [rrɛθɛp'tɔr]	Empfänger
escribir [eskri'ƀir]	schreiben
enviar [em'bĭar]	senden, verschicken
el correo aéreo [kɔ'rrɛo a'ɛreo]	Luftpost
Desearía enviar este paquete por correo aéreo.	Ich möchte dieses Paket per Luftpost verschicken.
el envío urgente [em'bio ur'xente]	Eilsendung
el correo certificado [kɔ'rrɛo θɛrtifi'kađo]	Einschreiben
Querría enviar estos documentos por correo certificado.	Ich möchte diese Unterlagen gerne als Einschreiben aufgeben.
el papel de carta [pa'pɛl de 'karta]	Briefpapier
el material de escritorio [mate'rĭal de eskri'torĭo]	Schreibwaren

la papelería [papele'ria] | Schreibwarenladen
He comprado folios en la papelería. | Ich habe im Schreibwarenladen Papier gekauft.
el sobre ['soƀre] | Umschlag
el sello ['seʎo] | Briefmarke

INFOKASTEN

In einigen Ländern Lateinamerikas sagt man nicht *el sello* sondern *la estampilla.*

el buzón [bu'θɔn] | Briefkasten
el cartero [kar'tero] | Briefträger

2. Telefon

el teléfono [te'lefono] | Telefon
la llamada [ʎa'mađa] | Anruf
llamar por teléfono [ʎa'mar por te'lefono] | anrufen
marcar [mar'kar] | wählen
Me he confundido al marcar. | Ich habe mich verwählt.
la línea ['linea] | Leitung
Estoy hablando por la otra línea. | Ich spreche auf der anderen Leitung.
La línea estaba ocupada. | Die Leitung war belegt.
coger el teléfono [kɔ'xɛr el te'lefono] | (den Hörer) abnehmen
Dejó sonar el teléfono más de un minuto pero nadie cogía. | Er ließ das Telefon länger als eine Minute klingeln, aber niemand nahm ab.
colgar [kɔl'gar] | auflegen
Estábamos discutiendo y de repente me colgó. | Wir haben uns gestritten und plötzlich hat er aufgelegt.
sonar [so'nar] | klingeln
el contestador automático [kɔntesta'đɔr aŭto'matiko] | Anrufbeantworter
el mensaje [men'saxe] | Nachricht, Mitteilung
¿Desea dejar un mensaje? | Möchten Sie eine Nachricht hinterlassen?

poner (con) [po'nɛr (kɔn)]	verbinden, durchstellen
No cuelgue. Le pongo con la Señora Marínez.	Bleiben Sie bitte dran. Ich stelle Sie zu Frau Marínez durch.
volver a llamar [bɔl'ƀɛr a ʎa'mar]	zurückrufen
¿Quieres que te vuelva a llamar?	Soll ich dich zurückrufen?
la cabina telefónica [ka'ƀina tele'fonika]	Telefonzelle
el teléfono móvil [te'lefono 'moƀil]	Mobiltelefon, Handy

INFOKASTEN

Generell meldet man sich im Spanischen nicht mit dem Namen, sondern anonym mit der Form *¿diga?* oder *¿dígame?*
Den Ausdruck: Auf Wiederhören gibt es im Spanischen nicht. Man verwendet eine normale Abschiedsformel wie *adiós, hasta luego, ...*

3. Medien

los medios *pl* ['međĭos]	Medien
Los medios informaron con detalle de las elecciones presidenciales.	Die Medien berichteten ausführlich über die Präsidentschaftswahlen.
leer [le'ɛr]	lesen
imprimir [impri'mir]	drucken
el periódico [pe'rĭođiko]	Zeitung
Todas las mañanas lee el periódico.	Jeden Morgen liest er die Zeitung.
la revista [rrɛ'ƀista]	Zeitschrift, Magazin
Estoy suscrito a varias revistas semanales.	Ich habe mehrere Wochenzeitschriften abonniert.
el artículo [ar'tikulo]	Artikel
la televisión [teleƀi'sĭɔn]	Fernsehen

INFOKASTEN

Oft werden die Wörter *televisión* und *televisor* ungenau verwendet. *La televisión* (auch in Kurzform *la tele*) ist das Fernsehen, aber mit *el televisor* meint man das Gerät an sich.

la radio ['rrađĭo] | Radio
el programa [pro'g̡rama] | Progamm, Sendung
el canal [ka'nal] | Sender
las noticias *pl* [no'tiθĭas] | Nachrichten

INFOKASTEN

Nicht verwechseln! *Noticia* (Nachricht) hat nichts mit dem deutschen Wort Notizen gemeinsam. Sich Notizen machen heißt *tomar notas* oder *tomar apuntes.* Für von etwas Notiz nehmen sagt man auf Spanisch dagegen *fijarse en algo,* für von jemandem Notiz nehmen *hacer caso a alguien.*

el mando a distancia ['mando a đis'tanθĭa] | Fernbedienung

¿Dónde está el mando a distancia? Me gustaría cambiar de canal. | Wo ist die Fernbedienung? Ich würde gern umschalten.

el vídeo ['biđeo] | Video

4. Computer

el ordenador personal [ɔrđena'đɔr pɛrso'nal] | PC, Computer

INFOKASTEN

Die übliche Übersetzung für das Wort PC im Spanischen ist *ordenador personal.* In Lateinamerika verwendet man dagegen eher *el/la computador/a.* Der Laptop heißt auf Spanisch *el ordenador portátil.*

el internet [intɛr'net] | Internet
el teclado [te'klađo] | Tastatur
la pantalla [pan'taʎa] | Bildschirm
el cable ['kaƀle] | Kabel
la impresora [impre'sɔra] | Drucker
la fotocopiadora [fotokopia'dora] | Kopierer
el disco duro ['disko 'duro] | Festplatte
el software ['sɔfwɛʀ] | Software

el hardware ['xarđbeʀ]	Hardware
sin cable [sin 'kable]	drahtlos
Surfear sin cable es muy cómodo.	Drahtloses Surfen ist sehr bequem.
el acceso [ak'θeso]	Zugang
Por algún motivo no tengo acceso a internet.	Aus irgendeinem Grund habe ich keinen Zugang zum Internet.
el archivo [ar'tʃibo]	Datei
He copiado el archivo en el disco duro.	Ich habe die Datei auf der Festplatte gespeichert.
los datos *pl* ['datos]	Daten
He metido todos los datos en el banco de datos.	Ich habe alle Daten in die Datenbank eingegeben.
el buscador [buska'dor]	Suchmaschine
guardar [gwar'đar]	speichern
Antes de cerrar el documento tienes que guardar los cambios.	Bevor du das Dokument schließt, musst du die Änderungen speichern.
el sistema operativo [sis'tema opera'tibo]	Betriebssystem
Trabajo con un sistema operativo nuevo.	Ich arbeite mit einem neuen Betriebssystem.
el símbolo ['simbolo]	Symbol
pegar [pe'gar]	einfügen
Copio el texto y lo pego en el otro documento.	Ich kopiere den Text und füge ihn in das andere Dokument ein.
eliminar [elimi'nar]	löschen
introducir [introđu'θir]	eingeben
el usuario [u'swarĭo]	Benutzer
el correo electrónico [kɔ'rrɛo elɛk'troniko]	E-Mail
¿Te puedo enviar las fotos por correo electrónico?	Kann ich dir die Fotos per E-Mail schicken?
el archivo adjunto [ar'tʃibo ađ'xunto]	Anhang
Ten cuidado cuando abras archivos adjuntos.	Sei vorsichtig, wenn du Anhänge öffnest.
adjuntar [ađxun'tar]	anhängen

1. Unternehmen und Handel

la economía [ekono'mia]	Wirtschaft
La economía estaba en auge.	Die Wirtschaft boomte.
la industria [in'dustrĭa]	Industrie, Branche
el mercado [mɛr'kađo]	Markt
la empresa [em'presa]	Unternehmen, Firma
la fábrica ['faƀrika]	Fabrik
la organización [ɔrganiθa'θĭɔn]	Organisation
el negocio [ne'goθĭo]	Geschäft
de negocios [de ne'goθĭos]	geschäftlich
el comercio [ko'mɛrθĭo]	Handel
comercial [komɛr'θĭal]	Handels-, gewerblich
Hago un curso de correspondencia comercial.	Ich mache einen Kurs in Handelskorrespondenz.
el producto [pro'đukto]	Produkt
la producción [prođuk'θĭɔn]	Produktion
el servicio [sɛr'ƀiθĭo]	Dienstleistung
Su visión sobre el servicio dejaba mucho que desear.	Seine Dienstleistungsmentalität ließ eine Menge zu wünschen übrig.
el stock [stɔk]	(Lager-)Bestand, Vorrat
La tienda tiene muchos artículos en stock.	Das Geschäft hatte viele Artikel in seinem Bestand.
las existencias *pl* [ɛksis'tenθĭas]	(Lager-)Bestände, Vorrat
la gerencia [xe'renθĭa]	Geschäftsführung
el secretariado [sekretari'ađo]	Sekretariat
el/la gerente [xe'rente]	Geschäftsführer/-in
el volumen de negocio [bo'lumen de ne'goθĭo]	Umsatz
El volumen de negocio ha aumentado considerablemente.	Die Geschäftsumsätze sind erheblich gestiegen.
los beneficios *pl* [bene'fiθĭos]	Gewinn
el balance [ba'lanθe]	Bilanz
la globalización [globaliθa'θĭon]	Globalisierung

2. Banken und Geld

el banco ['baŋko]	Bank
el dinero [di'nero]	Geld

INFOKASTEN

In Lateinamerika benutzt man statt *dinero* das Wort *plata*, wenn man von Geld spricht.

las finanzas *pl* [fi'nanθas]	Finanzen
financiar [fina'θĭar]	finanzieren
No podía permitirse pagar de una vez el coche, así que lo financió.	Er konnte es sich nicht leisten sein Auto auf einmal zu bezahlen, also finanzierte er es.
invertir [invɛr'tir]	investieren
la bolsa ['bɔlsa]	Börse
las acciones *pl* [ak'θĭɔnes]	Aktien
la divisa [di'ƀisa]	Währung
el billete [bi'ʎete]	Schein
Lo siento pero no puedo cambiarle el billete.	Tut mit leid, ich kann Ihren Schein nicht wechseln.
la moneda [mo'neđa]	Münze
las monedas *pl* **sueltas** [mo'neđas 'swɛltas]	Kleingeld, Wechselgeld
¿Tienes monedas sueltas para el parquímetro?	Hast du Kleingeld für die Parkuhr?
la cuenta ['kwenta]	Konto
abrir una cuenta [a'ƀrir una 'kwenta]	Konto eröffnen
cancelar una cuenta [kanθe'lar una 'kwenta]	Konto auflösen
la tarjeta de crédito [tar'xeta de 'kređito]	Kreditkarte
el cajero automático [ka'xero aŭto'matiko]	Bankautomat
ahorrar [aɔ'rrar]	sparen

cargar la cuenta [kar'gar la 'kwenta]	Konto überziehen
Este mes tengo que cargar la cuenta.	Diesen Monat muss ich mein Konto überziehen.
la transferencia [transfe'renθĭa]	Überweisung
canjear [kaŋxe'ar]	einlösen
Elena canjeó el cheque.	Elena löste den Scheck ein.
vencido/a [ben'θiđo/-a]	fällig
el pago ['pago]	Zahlung
El pago estaba atrasado.	Die Zahlung war überfällig.
ingresar [iŋgre'sar]	einzahlen
retirar [rrɛti'rar]	abheben
Elena retiró cien euros de su cuenta.	Elena hob hundert Euro von ihrem Konto ab.
el extracto bancario [es'trakto baŋ'karĭo]	Kontoauszug
cambiar [kam'bĭar]	tauschen, wechseln, ändern
Quiero cambiar unos cheques de viaje, por favor.	Ich möchte bitte Reiseschecks wechseln.
los intereses *pl* [inter'eses]	Zinsen
Los intereses son muy bajos.	Die Zinsen sind sehr niedrig.
el préstamo ['prestamo]	Darlehen, Kredit
el crédito ['kređito]	Darlehen, Kredit
Siempre compra a crédito.	Er kauft immer auf Kredit.
el plazo ['plaθo]	Rate
Pagó el coche a plazos mensuales.	Er zahlte das Auto in monatlichen Raten ab.
la pérdida ['pɛrđiđa]	Verlust
la ganancia [ga'nanθĭa]	Gewinn
el patrimonio [patri'monĭo]	Vermögen
la tasa ['tasa]	Gebühr
Las tasas bancarias son muy elevadas.	Die Bankgebühren sind sehr hoch.
gastar [gas'tar]	ausgeben
la deuda ['deŭđa]	Schulden
Tiene demasiadas deudas.	Sie hat zu viele Schulden.
endeudado/a [endeŭ'đado/-a]	verschuldet
prestar [pres'tar]	leihen

dejar [de'xar]	leihen
rico/a ['rriko/-a]	reich
pobre ['poƀre]	arm

INFOKASTEN

Achtung! *Ser rico* bedeutet reich sein und *estar rico* heißt lecker schmecken! *¿Tu padre es rico, no?* Dein Vater ist reich, oder? *El pastel está muy rico.* Der Kuchen schmeckt sehr lecker.

3. Beruf und Arbeit

la profesión [profe'sĭɔn]	Beruf
el trabajo [tra'ƀaxo]	Arbeit
el empleo [em'pleo]	Arbeit
la tarea [ta'rea]	Aufgabe
Entre sus tareas está encargarse de la correspondencia diaria.	Zu Ihren Aufgaben gehört die Bearbeitung der täglichen Korrespondenz.
el puesto de trabajo ['pwesto de tra'ƀaxo]	Arbeitsplatz
la candidatura [kandiđa'tura]	Bewerbung
hacer una candidatura [a'θɛr 'una kandiđa'tura]	sich bewerben
Hice una candidatura para un puesto de secretaria.	Ich habe mich als Sekretärin beworben.
desempleado/a [desemple'ađo/-a]	arbeitslos
el empleador [emplea'đɔr]	Arbeitgeber
el/la empleado/a [emple'ađo/-a]	Arbeitnehmer/in, Angestellte/r, Arbeiter/in
el personal [pɛrso'nal]	Belegschaft, Personal
La compañía necesitaba más personal.	Das Unternehmen brauchte mehr Personal.
el sueldo ['swɛldo]	Gehalt, Lohn
José pidió a su jefe un aumento de sueldo.	José bat seinen Chef um eine Gehaltserhöhung.
CV (el curriculum vitae) [ku'rrikulum b'ite]	Lebenslauf

la carrera [ka'rrɛra]	Karriere
la oferta de trabajo [o'fɛrta de tra'ƀaxo]	Stellenangebot
el puesto vacante ['pwesto ba'kante]	freie Stelle
Ocuparon los puestos vacantes del departamento de marketing.	Sie besetzten die freien Stellen in der Marketingabteilung.
la entrevista de trabajo [entre'ƀista de tra'ƀaxo]	Vorstellungsgespräch
La entrevista de trabajo salió muy bien.	Das Vorstellungsgespräch verlief sehr gut.
contratar [kɔntra'tar]	einstellen
el contrato [kɔn'trato]	Vertrag
la oficina [ofi'θina]	Büro
el superior [supe'rĭɔr]	Vorgesetzter
dirigir [diri'xir]	führen, leiten
el compañero de trabajo [kɔmpa'ɲero de tra'ƀaxo]	Mitarbeiter, Kollege

INFOKASTEN

Für Arbeitskollege wird generell *compañero de trabajo* gesagt. *Colega* ist sehr ungebräuchlich im Arbeitsbereich und wird eher unter jungen Leuten für Kumpel benutzt.

la reunión [rrɛŭ'nĭɔn]	Sitzung, Besprechung
el sindicato [sindi'kato]	Gewerkschaft
Se ha unido al sindicato.	Er ist der Gewerkschaft beigetreten.
la huelga ['wɛlga]	Streik
Los trabajadores hicieron huelga.	Die Arbeiter traten in den Streik.
ganar [ga'nar]	verdienen
José ganó el año pasado 100.000 euros.	José hat letztes Jahr 100.000 Euro verdient.
ascender [asθen'dɛr]	befördern
Elena fue ascendida a directora de departamento.	Elena wurde zur Abteilungsleiterin befördert.
el ascenso [as'θenso]	Beförderung
despedir [despe'đir]	entlassen

1. Staatswesen und Politik

la democracia [demo'kraθĭa]	Demokratie
la monarquía [monar'kia]	Monarchie
la dictadura [dikta'đura]	Diktatur
el rey [rrɛĭ]	König
el presidente [presi'đente]	Präsident
el ministerio [minis'terĭo]	Ministerium
el ministro [mi'nistro]	Minister
el Estado [es'tađo]	Staat
la nación [na'θĭɔn]	Nation, Volk
la política [po'litika]	Politik
las elecciones *pl* [elɛk'θĭɔnes]	Wahlen
El gobierno convocó elecciones.	Die Regierung rief zu Wahlen auf.
votar [bo'tar]	wählen, stimmen für
La mayoría de las personas votan por un cambio.	Die meisten Menschen stimmen für einen Wechsel.
la mayoría [majɔ'ria]	Mehrheit
el parlamento [parla'mento]	Parlament
el ciudadano [θiuđa'đano]	Bürger
público ['puƀliko]	öffentlich, staatlich
el país [pa'is]	Land
el gobierno [go'ƀĭɛrno]	Regierung
gobernar [goƀɛr'nar]	regieren
el partido [par'tiđo]	Partei
la oposición [oposi'θĭɔn]	Opposition
la reforma [rrɛ'fɔrma]	Reform
La oposición exigió una reforma completa del mercado de trabajo.	Die Opposition verlangte eine umfassende Arbeitsmarktreform.
el impuesto [im'pwesto]	Steuer
El gobierno está a favor de la reducción de impuestos.	Die Regierung plädiert für Steuersenkungen.
el día festivo ['dia fes'tiƀo]	Feiertag
El 25 de diciembre es día festivo.	Der 25. Dezember ist ein Feiertag.

INFOKASTEN

Im Spanischen wird das Wort *día festivo* oft vereinfacht, indem man nur *fiesta* sagt. Man darf es aber nicht mit Party verwechseln! *El 25 de diciembre es fiesta.* Der 25. Dezember ist ein Feiertag.

la frontera [frɔn'tera]	Grenze
la ciudad de origen [θĭu'đađ de o'rixen]	Heimatstadt
el extranjero [estran'xero]	Ausländer
la inmigración [inmigra'θĭɔn]	Einwanderung
el militar [mili'tar]	Militär
el soldado [sɔl'dađo]	Soldat
la guerra ['gɛrra]	Krieg
la paz [paθ]	Frieden

2. Recht und Gesetz

la ley [lɛĭ]	Recht, Gesetz
Si infringes la ley se te castiga.	Wenn du das Gesetz brichst, wirst du bestraft.
el orden ['ɔrđen]	Anweisung, Gesetz
la policía [poli'θia]	Polizei

INFOKASTEN

Mit *policía* ist nicht nur die Institution (Polizei) gemeint, sondern auch der Polizeibeamte an sich. Für Polizistin sagt man *la policía* und für Polizist *el policía.*

detener [dete'nɛr]	festnehmen
La policía detuvo al ladrón.	Die Polizei nahm den Dieb fest.
acusar [aku'sar]	anklagen, vorwerfen, beschuldigen
Se le acusó de allanamiento de morada.	Er war des Hausfriedensbruchs angeklagt.
el juzgado [xuθ'gađo]	Gericht
el proceso [pro'θeso]	Prozess
la sentencia [sen'tenθĭa]	Urteil
el juez ['xweθ]	Richter

la pena ['pena]	Strafe
Tiene una pena de cadena perpetua.	Er verbüßt eine lebenslängliche Freiheitsstrafe.
culpable [kul'paƀle]	schuldig
El jurado le declaró culpable.	Die Geschworenen sprachen ihn schuldig.
inocente [ino'θente]	unschuldig
el/la testigo [tes'tigo]	Zeuge, Zeugin
Fue testigo del accidente.	Sie war Zeugin des Unfalls.
el abogado [aƀo'gađo]	Rechtsanwalt
la multa ['multa]	Strafzettel, Geldstrafe
Fue sancionado con una multa por quiebra fraudulenta.	Er wurde wegen betrügerischen Bankrotts zu einer Geldstrafe verurteilt.
la prisión [pri'sĭɔn]	Gefängnis
condenar [kɔnde'nar]	verurteilen
el delito [de'lito]	Straftat
Fue condenado a tres años de prisión por cometer un delito grave.	Er wurde zu drei Jahren Gefängnis verurteilt, weil er eine schwere Straftat begangen hatte.
el/la criminal [krimi'nal]	Kriminelle(r)
el atraco [a'trako]	Überfall
el ladrón [la'đrɔn]	Dieb
el robo ['rrɔƀo]	Diebstahl
El robo no es un delito de guante blanco.	Diebstahl ist kein Kavaliersdelikt.
robar [rrɔ'ƀar]	stehlen
el asesino [ase'sino]	Mörder
el asesinato [asesi'nato]	Mord
asesinar [asesi'nar]	töten

3. Ämter und Behörden

el centro oficial ['θentro ofi'θĭal]	Behörde, Amt
la burocracia [buro'kraθĭa]	Bürokratie
el sello ['seʎo]	Stempel
el formulario [fɔrmu'larĭo]	Formular
Rellenó el formulario y lo firmó.	Er füllte das Formular aus und unterschrieb es.

la solicitud [soliθi'tuđ]	Antrag
la firma ['firma]	Unterschrift
Su firma era ilegible.	Seine Unterschrift war unleserlich.
firmar [fir'mar]	unterschreiben
personal(mente) [pɛrso'nal('mente)]	persönlich
aparecer [apare'θɛr]	erscheinen
el documento [doku'mento]	Dokument
el original [orixi'nal]	Original
la copia ['kopĭa]	Kopie
el ejemplar [ɛxem'plar]	Exemplar
el funcionario [funθĭo'narĭo]	Beamter
responsable [rrɛspon'saƀle]	zuständig
El funcionario responsable no estaba en su puesto.	Der zuständige Beamte war nicht an seinem Platz.
el carnet de identidad [kar'nɛ de iđenti'đađ]	Personalausweis
la identidad [iđenti'đađ]	Identität
las huellas *pl* **dactilares** ['weʎas dakti'lares]	Fingerabdruck
renovar [rrɛno'ƀar]	erneuern, verlängern
Tengo que renovar mi pasaporte antes de irme de vacaciones.	Ich muss meinen Reisepass verlängern lassen, bevor ich in den Urlaub fahre.
caducar [kađu'kar]	ablaufen
Mi pasaporte caduca en junio.	Mein Reisepass läuft im Juni ab.
el carnet de conducir [kar'nɛ de kɔndu'θir]	Führerschein
el permiso de residencia [pɛr'miso de rrɛsi'đenθĭa]	Aufenthaltserlaubnis
el permiso de trabajo [pɛr'miso de tra'ƀaxo]	Arbeitserlaubnis
Las autoridades le concedieron un permiso de trabajo ilimitado.	Die Behörden gewährten ihr eine unbegrenzte Arbeitserlaubnis.

INFOKASTEN

Im Spanischen bezeichnet man den bürokratischen „Papierkram" wie z.B. die Beantragung eines Ausweises oder eine Wohnsitzanmeldung als *papeleo*.

4. Länder und Kontinente

el continente [kɔnti'nente]	Kontinent
América [a'merika]	Amerika
Norteamérica [nortea'merika]	Nordamerika
Estados Unidos [es'tađos un'iđos]	Vereinigte Staaten
Sudamérica [suđa'merika]	Südamerika
África ['afrika]	Afrika
Australia [aŭs'tralĭa]	Australien
Nueva Zelanda ['nweƀa θe'lanđĭa]	Neuseeland
Asia ['asĭa]	Asien
Europa [eŭ'ropa]	Europa
Argentina [arxen'tina]	Argentinien
Brasil [bra'sil]	Brasilien
Canadá [kana'đa]	Kanada
China ['tʃina]	China
Dinamarca [dina'marka]	Dänemark
Alemania [ale'manĭa]	Deutschland
Inglaterra [iŋgla'terra]	England
Gran Bretaña [gram ƀre'taɲa]	Großbritannien
Francia ['franθĭa]	Frankreich
Grecia ['greθĭa]	Griechenland
Holanda [o'landa]	Holland
Irlanda [ir'lanđa]	Irland
Italia [i'talĭa]	Italien
India ['indĭa]	Indien
Japón [xa'pɔn]	Japan
Noruega [no'rwega]	Norwegen
Noruega es un país escandinavo.	Norwegen ist ein skandinavisches Land.
Polonia [po'lonĭa]	Polen
Rusia ['rrusĭa]	Russland
Escocia [es'koθĭa]	Schottland
España [es'paɲa]	Spanien
Suecia ['sweθĭa]	Schweden

República Checa [rrɛ'puƀlika 'tʃekɑ]	Tschechien
Turquía [tur'kia]	Türkei
Hungría [uŋ'gria]	Ungarn

5. Sprachen und Nationalitäten

alemán/ana [ale'man/-a]	deutsch
el/la alemán/ana [ale'man/-a]	Deutsche/r
inglés/a [in'gles/-a]	englisch
el/la inglés/esa [iŋ'gles/-a]	Engländer/in
francés/a [fran'θes/-a]	französisch
el/la francés/esa [fran'θes/-a]	Franzose/Französin
italiano/a [ita'lĭano/-a]	italienisch
el/la italiano/a [ita'lĭano/-a]	Italiener/in
español/a [espa'ɲɔl/-a]	spanisch

INFOKASTEN

In ganz Spanien ist die offizielle Amtssprache das *castellano.* Doch trifft man in den verschiedenen Regionen Spaniens nicht nur auf ganz unterschiedliche Dialekte, sondern auch auf Sprachen, die dort neben dem Spanischen offizielle Amtssprache sind. Diesen Status haben sich das Katalanische *catalán*, das Galicische *gallego* und das Baskische *vasco* oder *euskera* erworben.
In Lateinamerika spricht man übrigens *castellano* – und nicht *español.*

el/la español/a [espa'ɲɔl/-a]	Spanier/in
la nacionalidad [naθĭonali'đađ]	Nationalität, Staatsangehörigkeit
Soy de nacionalidad mexicana.	Ich bin mexikanischer Staatsangehörigkeit.

INFOKASTEN

Die Nationalitätsadjektive im Spanischen werden mit unterschiedlichen Endungen gebildet. Anbei die wichtigsten Gruppen:

– Endung *-és* für maskulin und *-esa* für feminin: *luxemburgués/luxemburguesa*
– Endung *-o* für maskulin und *a* für feminin: *italiano/italiana, chino/china*
– Endung *-eño* für maskulin und *-eña* für feminin: *brasileño/brasileña*
– Adjektive mit derselben Endung für maskulin und feminin: *belga, costarricense*

RELIGION UND KIRCHE

la religión [rrɛli'xǐɔn]	Religion
la iglesia [i'ɡlesǐa]	Kirche
la fe [fe]	Glaube
Tenía mucha fe.	Er hatte einen starken Glauben.
la celebración religiosa [θeleƀra'θǐɔn rrɛli'xǐosa]	Gottesdienst
el sacerdote [saθɛr'đote]	Pfarrer
rezar [rrɛ'θar]	beten
Se reunieron en la iglesia para rezar.	Sie versammelten sich in der Kirche, um zu beten.
la oración [ora'θǐɔn]	Gebet
Esperaba que sus oraciones fueran escuchadas.	Er hoffte, seine Gebete würden erhört.
la cruz [kruθ]	Kreuz
Hizo la señal de la cruz.	Sie bekreuzigte sich.
el pecado [pe'kađo]	Sünde
El fraticidio es un pecado mortal.	Brudermord ist eine Todsünde.
la penitencia [peni'tenθǐa]	Buße
el crucifijo [kruθi'fixo]	Kruzifix
el dios [dǐɔs]	Gott
Navidad [naƀi'đađ]	Weihnachten
¡Feliz Navidad!	Frohe Weihnachten!
Pascua ['paskwa]	Ostern
Pentecostés *pl* [pentekos'tes]	Pfingsten

INFOKASTEN

Anders als in vielen anderen europäischen Ländern werden in Spanien nicht nur der 25. Dezember und 1. Januar gefeiert, sondern auch der 6. Januar, *El día de Reyes* (Heilige Drei Könige). Weihnachten ist auch in Spanien ein Familienfest und man isst vorwiegend Lamm oder Meeresfrüchte. Am Heiligen Abend um Mitternacht beginnt die *misa del gallo* (Mitternachtsmette). Die Bescherung für die Kinder findet jedoch erst am 6. Januar statt, denn dann bringen die Heiligen Drei Könige die Geschenke. Unartige Kinder bekamen früher schwarze Kohle, heute wird sie durch Lakritze ersetzt.

1. Zeiteinteilung

el tiempo ['tĭempo]	Zeit
el período de tiempo [pe'riođo de 'tĭempo]	Zeitraum
Durante ese período de tiempo normalmente estamos al completo.	In diesem Zeitraum sind wir normalerweise ausgebucht.
el momento [mo'mento]	Zeitpunkt, Moment, Augenblick
el milenio [mi'lenĭo]	Jahrtausend
el siglo ['siglo]	Jahrhundert
la década ['dekađa]	Jahrzehnt
el año ['aɲo]	Jahr
el mes [mes]	Monat
la semana [se'mana]	Woche
el fin de demana [fin de se'mana]	Wochenende
el día ['dia]	Tag
diario/a ['dĭarĭo/-a]	täglich
la hora ['ora]	Stunde
cada hora ['kađa 'ora]	stündlich
el minuto [mi'nuto]	Minute
el segundo [se'gundo]	Sekunde

2. Jahreszeiten

la estación [esta'θĭɔn]	Jahreszeit
la primavera [prima'ƀera]	Frühling
Estoy deseando que llegue la primavera.	Ich sehne mich danach, dass der Frühling beginnt.
el verano [be'rano]	Sommer
el otoño [o'toɲo]	Herbst
el invierno [im'bĭɛrno]	Winter
El invierno es la cuarta estación del año.	Der Winter ist die vierte Jahreszeit.

3. Monate

enero [e'nero]	Januar
febrero [fe'ƀrero]	Februar
marzo ['marθo]	März
abril [a'ƀril]	April
mayo ['majo]	Mai
junio ['xunĭo]	Juni
julio ['xulĭo]	Juli
agosto [a'gɔsto]	August
septiembre [sep'tĭembre]	September
octubre [ɔk'tuƀre]	Oktober
noviembre [no'ƀĭembre]	November
diciembre [di'θĭembre]	Dezember

4. Wochentage

el lunes ['lunes]	Montag
el martes ['martes]	Dienstag
el miércoles ['mĭɛrkoles]	Mittwoch
el jueves ['xweƀes]	Donnerstag
el viernes ['ƀĭɛrnes]	Freitag
el sábado ['saƀađo]	Samstag
el domingo [do'mingo]	Sonntag
El domingo voy a misa.	Am Sonntag gehe ich in die Messe.

5. Datum, Tageszeit und Uhrzeit

INFOKASTEN

Bei Datumsangaben stehen Grundzahlen anstatt Ordnungszahlen.
Hoy es el cuatro de octubre. Heute ist der 4. Oktober.
Beim Ersten des Monats kann man allerdings *el primero* oder *el uno* sagen.

la fecha ['fetʃa]	Datum
¿Qué fecha es hoy?	Welches Datum ist heute?

la mañana [ma'ɲana]	Morgen
el mediodía ['međĭo'đia]	Mittag
la tarde ['tarđe]	Nachmittag, Abend
la noche ['notʃe]	Nacht
la hora ['ora]	Uhr
¿Qué hora es?	Wie spät ist es?
a la/las [a la/las]	um
Es la ... /Son las ...	Es ist ... Uhr.

INFOKASTEN

Achtung! Für die Uhrzeit verwendet man immer den Plural, außer bei ein Uhr:
Son las ocho y diez. Es ist zehn nach acht.
Es la una y diez. Es ist zehn nach eins.
Das Wort *pasadas* heißt kurz nach:
Son las dos y media pasadas. Es ist kurz nach halb drei.

menos ['menos]	vor
y [i]	nach
un cuarto [un 'kwarto]	ein Viertel
una de la madrugada	ein Uhr nachts
dos de la tarde	14 Uhr nachmittags
dos y media	halb drei
siete y cuarto	viertel nach sieben
ocho menos cuarto	viertel vor acht
ocho y veinticinco	acht Uhr fünfundzwanzig

6. Weitere zeitliche Begriffe

pronto ['pronto]	früh
tarde ['tarđe]	spät
Siempre llega demasiado tarde.	Sie kommt immer zu spät.
como muy tarde	spätestens
Quiero que vuelvas a casa como muy tarde a las nueve.	Ich möchte, dass du spätestens um 21 Uhr zu Hause bist.
retrasado/a [rrɛtra'sađo/-a]	verspätet
puntual [pun'twal]	pünktlich

en punto [en 'punto]	genau um, Punkt
Estaré allí a las ocho en punto.	Ich werde Punkt acht dort sein.
a tiempo [a 'tiempo]	rechtzeitig
Llegamos a tiempo al aeropuerto.	Wir kamen rechtzeitig am Flughafen an.
con tiempo [kɔn 'tiempo]	frühzeitig
hacia ['aθĭa]	ungefähr, gegen
Estaré en casa hacia las 17h.	Ich werde gegen 17 Uhr zu Hause sein.
aproximadamente [aprɔksi'mađamente]	ungefähr, gegen
En dos horas aproximadamente estoy de vuelta.	In ungefähr zwei Stunden bin ich zurück.
por fin [pɔr fin]	endlich, schließlich
¡Por fin llegas a casa!	Endlich kommst du nach Hause!
antes ['antes]	vorher, früher
después [des'pwes]	nachher, anschließend, hinterher, danach
entonces [en'tɔnθes]	dann
mientras ['mĭentras]	während
cuando ['kwando]	als, wann, wenn
siempre ['sĭempre]	immer
nunca ['nuŋka]	nie
la vez [beθ]	Mal

INFOKASTEN

Beim Plural von *vez* wird das *-z* durch *-c* ersetzt; *una vez, dos veces, tres veces* ... Einige Redewendungen mit *vez*: *a veces* (manchmal), *cada vez* (immer), *por primera vez* (zum ersten Mal), *otra vez* (noch einmal), *de vez en cuando* (ab und zu).

con frecuencia [kɔn fre'kwenθĭa]	oft, häufig
Vamos a ese local con frecuencia.	Wir gehen oft in dieses Lokal.
rara vez ['rrara beθ]	selten
Le veo muy rara vez.	Ich sehe ihn sehr selten.
al año [al 'aɲo]	im Jahr
ahora [a'ɔra]	jetzt
más tarde [mas 'tarđe]	später
hoy [ɔĭ]	heute

mañana [ma'ɲana]	morgen
pasado mañana [pa'sađo ma'ɲana]	übermorgen
ayer [a'jɛr]	gestern
antes de ayer ['antes de a'jɛr]	vorgestern
la semana pasada [se'mana pa'sađɑ]	letzte Woche
hace poco ['aθe 'poko]	kürzlich, vor kurzem
Hace poco que he ido al médico.	Ich bin vor kurzem erst beim Arzt gewesen.
ahora mismo [a'ɔra 'mismo]	gerade, soeben, sofort
Acaba de llegar ahora mismo a casa.	Er ist gerade nach Hause gekommen.
hace mucho tiempo ['aθe 'mutʃo 'tĭempo]	vor langer Zeit
anterior [ante'rĭɔr]	ehemalig, frühere
El anterior primer ministro hizo un discurso.	Der ehemalige Premierminister hielt eine Rede.
el pasado [pa'sađo]	Vergangenheit
el presente [pre'sente]	Gegenwart
el futuro [fu'turo]	Zukunft
pronto ['pronto]	bald
¡Hasta pronto!	Bis bald!
ya [ja]	schon, bereits
al mismo tiempo [al 'mismo 'tĭempo]	gleichzeitig
primero [pri'mero]	zuerst, erstens
el/la primero/a [pri'mero/-a]	Erste/r/s
por último [pɔr 'ultimo]	zuletzt
el/la último/a ['ultimo/-a]	Letzte/r/s
Le dijo que sería el último en enterarse.	Sie sagte ihm, dass er es als Letzter erfahren würde.

INFOKASTEN

Für den Zeitraum von zwei Wochen sagt man im Spanischen nicht wie bei uns vierzehn Tage, sondern *quince días,* fünfzehn Tage.

FARBEN UND FORMEN

el color [ko'lɔr]	Farbe
negro/a ['negro/-a]	schwarz
blanco/a ['blaŋko/-a]	weiß
rojo/a ['rrɔxo/-a]	rot
verde ['bɛrđe]	grün
azul [a'θul]	blau
amarillo/a [ama'riʎo/-a]	gelb
marrón [ma'rrɔn]	braun
rosa ['rrɔsa]	rosa
lila ['lila]	lila

INFOKASTEN

Die Farben *rosa* und *lila* bedeuten zugleich Rose und Flieder.

oscuro/a [ɔs'kuro/-a]	dunkel
claro/a ['klaro/-a]	hell
la forma ['fɔrma]	Form
cuadrado/a [kwa'đrađo/-a]	quadratisch, eckig
rectangular [rrɛktaŋgu'lar]	rechteckig
redondo/a [rrɛ'đɔndo/-a]	rund
ovalado/a [oƀa'lađo/-a]	oval
Prefiero una mesa de comedor rectangular a una ovalada.	Ich hätte lieber einen rechteckigen als einen ovalen Esstisch.
torcido/a [tor'θiđo/-a]	schief
diagonal [dĭago'nal]	diagonal
regular [rrɛgu'lar]	gleichmäßig
el círculo ['θirkulo]	Kreis
la línea ['linea]	Linie
la punta ['punta]	Spitze
puntiagudo/a [puntĭa'guđo/-a]	spitz
el ángulo ['aŋgulo]	Winkel
la esquina [es'kina]	Ecke
el canto ['kanto]	Kante
el arco ['arko]	Bogen

MASSE, MENGEN UND ZAHLEN

1. Maße und Gewichte

el peso ['peso]	Gewicht
la tonelada [tone'lađa]	Tonne
el kilo ['kilo]	Kilo
la libra ['liƀra]	Pfund
el gramo ['gramo]	Gramm
la medida [me'điđa]	Maß
el litro ['litro]	Liter
el kilómetro [ki'lometro]	Kilometer

INFOKASTEN

Die Wörter *kilómetro* und *kilogramo* können auch mit q geschrieben werden: *quilómetro, quilogramo.* Beide Formen sind korrekt.

el metro ['metro]	Meter
el centímetro [θen'timetro]	Zentimeter
el milímetro [mi'limetro]	Millimeter
la milla ['miʎa]	Meile
la yarda ['jarđa]	Yard
el pie [pĭe]	Fuß

INFOKASTEN

Das Maß Pfund wird im Spanischen nicht verwendet. Man sagt anstatt dessen: halbes Kilo – *medio kilo.*

2. Mengen

la cantidad [kanti'đađ]	Menge
una docena [do'θena]	ein Dutzend
Los huevos se venden por docenas.	Die Eier werden im Dutzend verkauft.
la parte ['parte]	Teil

un puñado [pu'ɲađo]	eine Handvoll
Añade un puñado de piñones a la sopa.	Geben Sie eine Handvoll Pinienkerne zur Suppe.
doble ['doƀle]	doppelt
el doble ['doƀle]	das Doppelte, doppelt so viel
Este año las cerezas cuestan el doble que el año pasado.	Dieses Jahr kosten die Kirschen doppelt so viel wie letztes Jahr.
un par [par]	ein Paar, ein paar
Compró un par de zapatos.	Er kaufte ein Paar Schuhe.
Creo que quedan un par de huevos.	Ich glaube, es sind noch ein paar Eier übrig.
mucho ['mutʃo]	viel
Todavía tenemos mucho tiempo para terminar el ejercicio.	Wir haben noch viel Zeit, um die Übung fertig zu machen.
todo/a, todos/as ['tođo/-a; 'tođos/-as]	ganz/e, jede/r/s
la pieza ['pĭeθa]	Stück
la mitad [mi'tađ]	Hälfte
medio/a ['međĭo/-a]	halb
el cuarto ['kwarto]	Viertel
la rodaja [rrɔ'đaxa]	Scheibe
¿Me das una rodaja de jamón?	Kannst du mir eine Scheibe Schinken geben?

INFOKASTEN

Im Spanischen sagt man sowohl *rodaja* als auch *loncha* für Scheibe. In Lateinamerika wird dagegen das Wort *lonja* gebraucht.

dividir [diƀi'đir]	teilen, einteilen, aufteilen
Dividió el pastel en seis trozos.	Sie teilte den Kuchen in sechs Stücke.
único/a ['uniko/-a]	Einzel-, einzeln
individual [indiƀi'đwal]	Einzel-, einzeln
el resto ['rrɛsto]	Rest
mucho/a ['mutʃo/-a]	viel/e
alguno/a [al'ɡuno/-a]	einige
poco/a ['poko/-a]	wenig/e
Tenía muy pocos amigos.	Sie hatte nur sehr wenige Freunde.
un poquito [po'kito]	ein bisschen

el máximo ['maksimo]	Maximum
el mínimo ['minimo]	Minimum

3. Zahlen

el número ['numero]	Zahl, Nummer
Por favor, sume los números de esta fila.	Bitte rechnen Sie die Zahlen in dieser Reihe zusammen.
contar [kɔn'tar]	zählen
calcular [kalku'lar]	rechnen
sumar [su'mar]	addieren
restar [rres'tar]	subtrahieren, abziehen
multiplicar [multipli'kar]	multiplizieren
Multiplicó la tarifa mensual por doce.	Sie multiplizierte die monatliche Rate mal zwölf.
dividir [diƀi'đir]	dividieren
menos ['menos]	minus
más [mas]	plus
el por ciento [pɔr 'θĭento]	Prozent
la cantidad [kanti'đađ]	Summe, Betrag
en total [to'tal]	insgesamt
elevarse [ele'ƀarse]	betragen, sich belaufen auf
La suma total se eleva a 100 euros.	Der Gesamtbetrag beläuft sich auf hundert Euro.

4. Grundzahlen

cero ['θero]	null
uno ['uno]	eins
dos [dɔs]	zwei
tres [tres]	drei
cuatro ['kwatro]	vier
cinco ['θiŋko]	fünf
seis [sɛĭs]	sechs
siete ['sĭete]	sieben

ocho ['otʃo]	acht
nueve ['nweƀe]	neun
diez [dĭeθ]	zehn
once ['ɔnθe]	elf
doce ['doθe]	zwölf
trece ['treθe]	dreizehn
catorce [ka'tɔrθe]	vierzehn
quince ['kinθe]	fünfzehn
dieciséis [dĭeθi'sɛĭs]	sechzehn
diecisiete [dĭeθi'sĭete]	siebzehn
dieciocho [dĭeθi'otʃo]	achtzehn
diecinueve [dĭeθi'nweƀe]	neunzehn
veinte ['bɛĭnte]	zwanzig
treinta ['trɛĭnta]	dreißig
cuarenta [kwa'renta]	vierzig
cincuenta [θin'kwenta]	fünfzig
sesenta [se'senta]	sechzig
setenta [se'tenta]	siebzig
ochenta [o'tʃenta]	achtzig
noventa [no'ƀenta]	neunzig
cien [θĭen]	hundert

INFOKASTEN

Die Zahl hundert heißt *cien*. In Zusammensetzungen wie hunderteins, hundertzwei, hundertdrei ... heißt es aber *ciento uno, ciento dos, ciento tres* ...

mil [mil]	tausend
diez mil [dĭeθ mil]	zehntausend
cien mil [θĭen mil]	hunderttausend
millón [mi'ʎɔn]	Million
billón [bi'ʎɔn]	Milliarde

5. Ordnungszahlen

primero/a [pri'mero/-a]	erste/r/s
segundo/a [se'gundo/-a]	zweite/r/s
tercero/a [tɛr'θero/-a]	dritte/r/s

cuarto/a ['kwarto/-a]	vierte/r/s
quinto/a ['kinto/-a]	fünfte/r/s
sexto/a ['sɛsto/-a]	sechste/r/s
séptimo/a ['sɛptimo/-a]	siebte/r/s
octavo/a [ɔk'taƀo/-a]	achte/r/s
noveno/a [no'ƀeno/-a]	neunte/r/s
décimo/a ['deθimo/-a]	zehnte/r/s
undécimo/a [un'deθimo/-a]	elfte/r/s
duodécimo/a [dwo'đeθimo/-a]	zwölfte/r/s
decimotercero/a [đeθimotɛr'θero/-a]	dreizehnte/r/s
decimocuarto/a [đeθimo'kwarto/-a]	vierzehnte/r/s
decimoquinto/a [đeθimo'kinto/-a]	fünfzehnte/r/s
decimosexto/a [đeθimo'sɛsto/-a]	sechzehnte/r/s
decimoséptimo/a [đeθimo'sɛptimo/-a]	siebzehnte/r/s
decimoctavo/a [đeθimɔk'taƀo/-a]	achtzehnte/r/s
decimonoveno/a [đeθimono'ƀeno/-a]	neunzehnte/r/s
vigésimo/a [bi'xesimo/-a]	zwanzigste/r/s
vigésimo primero/a [bi'xesimo pri'mero/-a]	einundzwanzigste/r/s
trigésimo/a [tri'xesimo/-a]	dreißigste/r/s
cuadragésimo/a [kwađra'xesimo/-a]	vierzigste/r/s
quincuagésimo/a [kiŋkwa'xesimo/-a]	fünfzigste/r/s
sexagésimo/a [sɛksa'xesimo/-a]	sechzigste/r/s
septuagésimo/a [septwa'xesimo/-a]	siebzigste/r/s
octogésimo/a [ɔktɔ'xesimo/-a]	achtzigste/r/s
nonagésimo/a [nona'xesimo/-a]	neunzigste/r/s
centésimo/a [θen'tesimo/-a]	hundertste/r/s

el espacio [es'paθĭo]	Raum, Platz
No hay espacio suficiente para tanta gente.	Es ist nicht genügend Platz für so viele Leute.
la dirección [dirɛk'θĭɔn]	Richtung
el lugar [lu'gar]	Ort, Platz, Stelle
aquí [a'ki]	hier
allí [a'ʎi]	da, dort
arriba [a'rriƀa]	oben
Cuando llegues arriba salúdanos con la mano.	Wenn du oben angekommen bist, wink uns zu.
abajo [a'ƀaxo]	unten
hacia arriba ['aθĭa a'rriƀa]	nach oben, aufwärts
hacia abajo ['aθĭa a'ƀaxo]	nach unten, abwärts
hacia adelante ['aθĭa ađe'lante]	vorwärts
Se movió hacia adelante con mucha dificultad.	Sie bewegte sich mit großer Mühe vorwärts.
hacia atrás ['aθĭa a'tras]	rückwärts
por debajo [pɔr de'ƀaxo]	unter
por encima [pɔr en'θima]	über
Los coches iban por encima del puente.	Die Autos fuhren über die Brücke.
La agencia de viajes no está en el mismo piso que la zapatería, sino un piso por encima.	Das Reisebüro befindet sich nicht im gleichen Stockwerk wie das Schuhgeschäft, sondern ein Stockwerk darüber.
distante [dis'tante]	entfernt
(muy) lejos [(mwi) 'lɛxos]	(weit) entfernt
la distancia [dis'tanθĭa]	Distanz, Entfernung, Strecke
La panadería más cercana está a poca distancia.	Die nächste Bäckerei ist ganz in der Nähe.
cerca ['θɛrka]	nahe
al lado [al 'lađo]	neben
La mujer que está al lado de José es mi vecina.	Die Dame, die neben José steht, ist meine Nachbarin.
lateral [late'ral]	seitlich

entre ['entre]	zwischen, inmitten
Mi bolso ha quedado pillado entre las puertas.	Meine Tasche ist zwischen den Türen eingeklemmt.
Entre todos los edificios altos apenas se veía la iglesia.	Inmitten zwischen all diesen Hochhäusern war die Kirche kaum zu sehen.
el medio ['međĭo]	Mitte
en el medio [en el 'međĭo]	in der Mitte
en [en]	in
sobre ['soƀre]	auf
el área *f* ['area]	Fläche, Gebiet
fuera ['fwera]	außen, draußen
dentro ['dentro]	innen, drinnen
detrás [de'tras]	hinter, dahinter, hinten
La panadería está detrás de la casa.	Die Bäckerei ist hinter dem Haus.
enfrente [em'frente]	vor
Cuando estés enfrente de la tienda de teléfonos gira a la izquierda.	Wenn du vor dem Telefonladen stehst, geh nach links.
delante [de'lante]	vorne
Por favor, ponte delante.	Geh bitte nach vorne.
que limita [ke li'mita]	angrenzend
El terreno que limita pertenece a la comunidad.	Das angrenzende Grundstück gehört der Gemeinde.
contra ['kɔntra]	gegen
El policía empujó al ladrón contra la pared.	Der Polizist drückte den Dieb an die Wand.
uno frente al otro ['uno 'frente al 'otro]	entgegengesetzt, gegenüber
Los dos candidatos estaban sentados uno frente al otro.	Die beiden Kandidaten saßen sich gegenüber.
en todos los sitios [en 'todos los 'sitios]	überall
en ningún sitio [en niŋ'gun 'sitio]	nirgendwo
en algún sitio [en al'gun 'sitio]	irgendwo
izquierda [iθ'kĭɛrđa]	links

derecha [de'retʃa]	rechts
Aquí tenemos que girar a la derecha.	Hier müssen wir rechts abbiegen.
Es un partido de derecha.	Es ist eine rechtsgerichtete Partei.
la profundidad [profundi'đađ]	Tiefe
Buceamos a quatro metros de profundidad.	Wir tauchen in vier Meter Tiefe.
la altura [al'tura]	Höhe
El avión volaba a una altura de 9.000 metros.	Das Flugzeug flog in einer Höhe von 9.000 Meter.
la anchura [an'tʃura]	Breite
la longitud [lɔŋxi'tuđ]	Länge
Medimos la longitud de la mesa para ver si cabía en el comedor.	Wir maßen die Länge des Tisches aus, um zu sehen, ob er in das Esszimmer passte.
profundo/a [profundo/-a]	tief
El Mar Muerto es el más profundo del mundo.	Das Tote Meer ist das tiefste der Welt.
alto/a ['alto/-a]	hoch
ancho/a ['antʃo/-a]	breit, weit
No me gusta la ropa ajustada. Prefiero ropa ancha.	Ich mag keine eng anliegende Kleidung. Ich bevorzuge weite Kleidung.
largo/a ['largo/-a]	lang
bajo/a ['baxo/-a]	niedrig
plano/a ['plano/-a]	platt, eben, niedrig
la superficie [supɛr'fiθĭe]	Oberfläche
estrecho/a [es'tretʃo/-a]	eng, schmal
Seguimos el camino estrecho.	Wir folgen dem schmalen Weg.

INFOKASTEN

Einige Präpositionen werden, wie im Deutschen, sowohl örtlich als auch zeitlich gebraucht:

La carta está dentro del bolso. Der Brief ist in der Tasche.

Escríbeme dentro de una semana. Schreib mir innerhalb einer Woche zurück.

En mi familia hay varios mellizos. In meiner Familie gibt es viele Zwillinge.

En dos semanas voy a casarme. In zwei Wochen werde ich heiraten.

WEITERE ADJEKTIVE UND ADVERBIEN

grande ['grande]	groß
pequeño/a [pe'keɲo/-a]	klein
Leandra es su hermana pequeña.	Leandra ist seine kleine Schwester.
nuevo/a ['nweƀo/-a]	neu

INFOKASTEN

Wenn ein Adjektiv wiederholt wird, dann will man der Aussage im Spanischen häufig mehr Nachdruck verleihen. *Esta chica es pequeña, pequeña.* Dieses Mädchen ist ganz klein. *La casa es nueva, nueva.* Das Haus ist ganz neu.

viejo/a ['bĭɛxo/-a]	alt

INFOKASTEN

Viejo wird generell für Gegenstände gebraucht. *Esta camisa es muy vieja.* Dieses Hemd ist sehr alt. Für Personen sagt man lieber *mayor*, denn *viejo* ist im Zusammenhang mit Personen abwertend gemeint.

útil ['util]	nützlich
inútil [in'util]	nutzlos
usado/a [u'sađo/-a]	gebraucht
silencioso/a [silen'θĭoso/-a]	still, leise
Hoy los niños están silenciosos.	Die Kinder sind heute leise.
bajo/a ['baxo/-a]	still, leise
tranquilo/a [traŋ'kilo/-a]	ruhig
tranquilizarse [traŋkili'θarse]	sich beruhigen
Tranquilízate, para el problema hay una solución.	Beruhige dich, es gibt eine Lösung für das Problem.
alto/a ['alto/-a]	laut
ruidoso/a [rrwi'đoso/-a]	laut
cansado/a [kan'sađo/-a]	müde
despierto/a [des'pĭɛrto/-a]	wach
He estado toda la noche despierto.	Ich habe die ganze Nacht wach gelegen.
corto/a ['kɔrto/-a]	kurz
gordo/a ['gɔrdo/-a]	dick
lleno/a ['ʎeno/-a]	voll

vacío/a [ba'θio/-a]	leer
pesado/a [pe'sađo/-a]	schwer

INFOKASTEN

Das Wort *pesado* wird oft mit der Bedeutung von lästig in Bezug auf Personen und Situationen gebraucht. *Ese chico es muy pesado.* Der Junge ist sehr lästig. *Hacer los deberes es pesado.* Hausaufgaben machen ist lästig.

difícil [di'fiθil]	schwierig
ligero/a [li'xero/-a]	leicht
Por las noches siempre como algo ligero.	Abends esse ich immer eine leichte Mahlzeit.
fácil ['faθil]	leicht
Este ejercicio es muy fácil.	Diese Übung ist sehr leicht.
débil ['deƀil]	schwach
afilado/a [afi'lađo/-a]	scharf
La hoja del cuchillo estaba muy afilada.	Das Messer hatte eine sehr scharfe Klinge.
suave ['swaƀe]	mild, sanft
abierto/a [a'ƀĭɛrto/-a]	offen, auf
cerrado/a [θɛ'rrađo/-a]	zu, geschlossen
rápido/a ['rrapiđo/-a]	schnell
Conduce muy rápido.	Er fährt sehr schnell.
lento/a ['lento/-a]	langsam
necesario/a [neθe'sarĭo/-a]	nötig, notwendig
encendido/a [enθen'điđo/-a]	an
La luz está encendida.	Das Licht ist an.
apagado/a [apa'gađo/a]	aus
La luz está apagada.	Das Licht ist aus.
roto/a ['rrɔto/-a]	kaputt
entero/a [en'tero/-a]	ganz, heil
agradable [agra'đaƀle]	angenehm
desagradable [desagra'đaƀle]	unangenehm
José estaba enfadado y la conversación fue desagradable.	José war verärgert und das Gespräch war unangenehm.
libre ['liƀre]	frei
así [a'si]	so

gratis ['gratis]	kostenlos, gratis
verdadero/a [bɛrđa'đero/-a]	wahr
auténtico/a [aŭ'tentiko/-a]	echt
Es piel auténtica.	Das ist echtes Leder.
falso/a ['falso/-a]	unecht
Estos brillantes son falsos.	Diese Brillanten sind nicht echt.
seco/a ['seko/-a]	trocken
mojado/a [mɔ'xađo/-a]	nass
áspero/a ['aspero/-a]	rau, grob
Tiene la piel áspera.	Er hat eine raue Haut.
liso/a ['liso/-a]	glatt
La tela es difícil de coser porque es muy lisa.	Der Stoff ist schwierig zu nähen, weil er so glatt ist.
peligroso/a [peli'groso/-a]	gefährlich
querido/a [ke'riđo/-a]	liebe(r), geehrte(r) (bei Anrede in Briefen)
variado/a [ba'rĭađo/-a]	verschieden
Le ofrecemos clases de queso variadas.	Wir haben verschiedene Käsesorten zu Ihrer Auswahl.
diferente [dife'rente]	unterschiedlich
el/la/lo mismo/a ['mismo/-a]	derselbe, dieselbe, dasselbe
Me gustaría pedir el mismo plato.	Ich würde gerne dasselbe Gericht bestellen.
igual [i'gwal]	gleich
No tiene que ser igual.	Es muß nicht gleich sein.
directo/a [di'rɛkto/-a]	direkt
recto/a ['rrɛkto/-a]	gerade, rechtwinklig
presente [pre'sente]	anwesend
ausente [aŭ'sente]	abwesend
activo/a [ak'tiƀo/-a]	aktiv
pasivo/a [pa'siƀo/-a]	passiv
actual [ak'twal]	aktuell
La situación actual no permite más retrasos.	Die aktuelle Situation erlaubt kein weiteres Zögern.
verdaderamente [bɛrđađera'mente]	wirklich
Es verdaderamente una persona muy agradable.	Er ist wirklich ein sehr netter Mensch.

horrible [ɔ'rriƀle]	schrecklich
general [xene'ral]	allgemein
especialmente [espeθĭal'mente]	besonders
Me gustan todos los sabores, especialmente el del chocolate.	Ich mag alle Geschmacksrichtungen, besonders Schokolade.
favorito/a [faƀɔ'rito/-a]	Lieblings-
de nuevo [de 'nweƀo]	wieder
casi ['kasi]	beinahe
quizá(s) [ki'θa(s)]	vielleicht

INFOKASTEN

„Vielleicht" gibt es auf Spanisch sowohl mit als auch ohne *-s* am Ende: *quizá* und *quizás*.

también [tam'bĭen]	auch
junto/a ['xunto/-a]	zusammen, miteinander
demasiado/a [dema'sĭađo/-a]	zu viel
apenas [a'penas]	kaum
Apenas sale de casa.	Er geht kaum aus dem Haus.
usual [u'swal]	üblich
común [ko'mun]	gemeinsam, üblich
regularmente [rrɛgular'mente]	regelmäßig, normalerweise
normal [nor'mal]	normal
inusual [inu'swal]	ungewöhnlich
extraordinario/a [estraɔrđi'narĭo/-a]	außergewöhnlich
completamente [kɔmpleta'mente]	völlig, vollständig
excelente [esθe'lente]	ausgezeichnet
genial [xe'nĭal]	großartig
maravilloso/a [maraƀi'ʎoso/-a]	wunderbar
inmediatamente [inmediata'mente]	sofort, unmittelbar
imposible [impo'siƀle]	unmöglich
posible [po'siƀle]	möglich
exacto/a [ɛk'sakto/-a]	genau, gerade

en lugar de [en lu'gar de]	statt, statt dessen
En lugar de ir al colegio nos fuimos al cine.	Statt in die Schule zu gehen, gingen wir ins Kino.
parecido/a [pare'θiđo/-a]	ähnlich, gleich
Es parecido a Mel Gibson.	Er sieht Mel Gibson ähnlich.
suelto/a ['swɛlto/-a]	locker, lose
La camisa queda suelta.	Dieses Hemd sitzt locker.
sólido/a ['soliđo/-a]	fest, solide, massiv
más [mas]	mehr
menos ['menos]	weniger
principalmente [prinθipal'mente]	hauptsächlich
obviamente [ɔƀƀia'mente]	offensichtlich
sólo ['solo]	nur, einzig

INFOKASTEN

Das Wort *sólo* wird mit Akzent geschrieben, wenn man es durch *solamente* (nur) ersetzen kann. *Solo* ohne Akzent heißt allein im Sinne von einsam, verlassen.

capaz [ka'paθ]	fähig, in der Lage
¿Usted es capaz de entender este texto scientífico?	Sind Sie in der Lage, diesen wissenschaftlichen Text zu verstehen?
incapaz [iŋca'paθ]	unfähig
Es incapaz de tener una conversación seria.	Er ist unfähig, ein ernsthaftes Gespräch zu führen.
urgente [ur'xente]	dringend, eilig
muy [mwi]	sehr
Busco un piso muy urgente.	Ich suche sehr dringend eine Wohnung.
salvaje [sal'ƀaxe]	wild
bueno/a ['bweno/-a]	gut

INFOKASTEN

Bueno ist ein Adjektiv und begleitet ein Substantiv. *Bien* ist ein Adverb und steht allein. *Leandra es una buena persona.* Leandra ist ein guter Mensch. *El bebé ha dormido muy bien toda la noche.* Das Baby hat die ganze Nacht gut durchgeschlafen.

todavía [tođa'ƀia]	schon, noch nicht
José todavía no ha terminado los deberes.	José hat seine Hausaufgaben noch nicht gemacht.
mejor [mɛ'xɔr]	besser
José es bueno en matemáticas, pero Juan es mejor. Es el mejor de toda la clase.	José ist gut in Mathematik, aber Juan ist besser. Er ist der Beste der ganzen Klasse.
peor [pe'ɔr]	schlechter, schlimmer
Su enfermedad fue a peor.	Seine Krankheit wurde schlimmer.
básico ['basiko]	grundlegend, Basis-
Estamos aprendiendo el vocabulario básico.	Wir sind dabei, den Grundwortschatz zu lernen.
Todos los niños deven obtener una educación básica.	Alle Kinder sollten eine grundlegende Bildung erhalten.
tando/a ['tanto/-a]	so viel

INFOKASTEN

Einige Adjektive werden unregelmäßig gesteigert:

bueno	*mejor*	*el mejor*
malo	*peor*	*el peor*
pequeño	*menor*	*el menor*
grande	*mayor*	*el mayor*
alto	*superior*	*el superior*
bajo	*inferior*	*el inferior*
mucho	*más*	*lo más*
poco	*menos*	*lo menos*

Die Adjektive *alto, bajo, grande* und *pequeño* können auch regelmäßig gesteigert werden: *más alto, más bajo ...*

Wird das Adjektiv in seiner Grundbedeutung genutzt, so verwendet man die regelmäßige Steigerung. Wird es in einem übertragenen Sinn verwendet, so bevorzugt man die unregelmäßige Komparativform:
Es más alto que su hermana. – Er ist größer als seine Schwester.
Se siente superior a su hermana. – Er fühlt sich größer als seine Schwester. / Er fühlt sich seiner Schwester überlegen.

WEITERE SUBSTANTIVE

la prueba ['prweƀa]	Beweis
Tenemos pruebas de que le ha mentido.	Wir haben Beweise, dass er sie belogen hat.
el respeto [rrɛs'peto]	Respekt
Con todo respeto.	Mit allem Respekt.
la consideración [kɔnsiđera'θĭɔn]	Rücksicht, Berücksichtigung
Por favor toma en consideración sus argumentos.	Bitte berücksichtige seine Argumente.
la atención [aten'θĭɔn]	Aufmerksamkeit
el intento [in'tento]	Versuch
la solución [solu'θĭɔn]	Lösung
el problema [pro'ƀlema]	Problem

INFOKASTEN

Das Wort *problema* endet auf -a, ist aber maskulin. Es gibt noch weitere Wörter mit der Endung -ema, die maskulin sind: *el esquema* Schema, *el sistema* System, *el teorema* Lehrsatz.

la dificultad [difikul'tađ]	Schwierigkeit, Mühe
Tengo dificultad para encontrar la respuesta correcta.	Ich habe Mühe, die korrekte Antwort zu finden.
la libertad [liƀɛr'tađ]	Freiheit
la igualdad [igwal'đađ]	Gleichheit
la oportunidad [opɔrtuni'đađ]	Chance
Desaprovechó la oportunidad de presentar sus ideas.	Sie hat die Chance verpasst, ihre Ideen zu präsentieren.
la ocasión [oka'sĭɔn]	Gelegenheit
el desarrollo [desa'rrɔʎo]	Entwicklung
la acción [ak'θĭon]	Handlung
el progreso [pro'greso]	Fortschritt
Ha hecho progresos considerables.	Sie hat erhebliche Fortschritte gemacht.
la responsabilidad [rrɛsponsaƀili'đađ]	Verantwortung

la capacidad [kapaθi'đađ]	Fähigkeit
el comienzo [ko'mĭenθo]	Anfang
el fin [fin]	Ende
la cosa ['kosa]	Ding, Sache
la condición [kɔndi'θĭɔn]	Bedingung, Zustand
El coche está en muy malas condiciones.	Das Auto ist in einem sehr schlechten Zustand.
Acepto tu propuesta con una condición.	Ich stimme deinem Vorschlag unter einer Bedingung zu.
el daño ['daɲo]	Schaden
el peligro [pe'ligro]	Gefahr
el detalle [de'taʎe]	Einzelheit
Me gustaría tratar este asunto con detalle en nuestra próxima reunión.	Ich würde diese Angelegenheit gerne in unserem nächsten Meeting in allen Einzelheiten besprechen.
la diferencia [dife'renθĭa]	Unterschied
la ventaja [ben'taxa]	Vorteil
la desventaja [desƀen'taxa]	Nachteil
la culpa ['kulpa]	Schuld
el error [ɛ'rrɔr]	Irrtum
la impresión [impre'sĭɔn]	Eindruck
la sensación [sensa'θĭɔn]	Gefühl, Eindruck
la mejora [me'xora]	Verbesserung
La prioridad del gobierno era la mejora del nivel de vida.	Die höchste Priorität der Regierung war die Verbesserung des Lebensstandards.
la paciencia [pa'θĭenθĭa]	Geduld
la suerte ['swɛrte]	Glück, Pech

INFOKASTEN

Das Wort *suerte* kann sowohl Glück als auch Unglück/Pech bedeuten; es hängt davon ab, ob es vom Adjektiv *mala* oder *buena* begleitet wird. *Siempre tiene mala suerte.* Sie hat immer Pech. *En el examen he tenido buena suerte.* Ich habe bei der Prüfung Glück gehabt.
Wenn man jemandem Glück wünschen möchte, sagt man einfach: *¡Que tengas mucha suerte!* (kurz: *¡mucha suerte!*) Viel Glück!.

la cuestión [kwes'tĭɔn]	Sache, Angelegenheit
Es una cuestión de vida o muerte.	Es geht um Leben und Tod.

el método ['metođo]	Methode
la mezcla ['meθkla]	Mischung
el ruido ['rrwiđo]	Lärm, Geräusch
el silencio [si'lenθĭo]	Stille, Ruhe
el movimiento [moƀi'mĭento]	Bewegung
el objeto [ɔƀ'xeto]	Gegenstand, Objekt
la protección [protɛk'θĭɔn]	Schutz
la seguridad [seg̱uri'đađ]	Sicherheit
la promesa [pro'mesa]	Versprechen
la posibilidad [posiƀili'đađ]	Möglichkeit
la situación [sitwa'θĭɔn]	Lage, Stellung, Position
No está en situación de exigir nada.	Er ist nicht in der Position, irgendwelche Forderungen zu stellen.
el plan [plan]	Plan, Entwurf
la intención [inten'θĭɔn]	Absicht
No era mi intención hacerte daño.	Es war nicht meine Absicht, dich zu verletzen.
el objetivo [ɔƀxe'tiƀo]	Zweck, Absicht
El objetivo de esta iniciativa es recaudar fondos para nuestro proyecto.	Der Zweck dieser Initiative ist, Geld für unser Projekt zu sammeln.
la meta ['meta]	Ziel
La dirección marcó metas claras.	Die Geschäftsführung setzte klare Ziele.
la causa ['kaŭsa]	Grund, Ursache, Vernunft
el secreto [se'kreto]	Geheimnis
el riesgo ['rrĭesg̱o]	Risiko
No quiero correr el riesgo.	Ich will das Risiko nicht eingehen.
la clase ['klase]	Sorte, Gattung
la medida [me'điđa]	Maßnahme
Las medidas de ahorro dieron resultado.	Die Sparmaßnahmen waren erfolgreich.
el éxito ['ɛksito]	Erfolg
el fracaso [fra'kaso]	Misserfolg, Niederlage, Fiasko
la derrota [dɛ'rrɔta]	Niederlage
el valor [ba'lɔr]	Wert
el beneficio [bene'fiθĭɔ]	Nutzen
Todos sacamos beneficio de ello.	Wir ziehen alle einen Nutzen daraus.
el milagro [mi'lag̱ro]	Wunder

WEITERE VERBEN

caminar [kami'nar]	gehen
seguir [se'gir]	folgen, befolgen
Siguió las reglas.	Er befolgte die Regeln.
saltar [sal'tar]	springen
caer [ka'ɛr]	fallen
sentarse [sen'tarse]	sich setzen
poner [po'nɛr]	stellen, legen, setzen
¡Pon los libros encima de la mesa!	Leg die Bücher auf den Tisch!
tumbarse [tum'ƀarse]	sich hinlegen
dormir [dɔr'mir]	schlafen
soñar [so'ɲar]	träumen
levantarse [leƀan'tarse]	aufstehen
Todas las mañanas me levanto a las 7h.	Ich stehe jeden Morgen um sieben Uhr auf.
faltar [fal'tar]	fehlen
agarrar [aga'rrar]	greifen
llevar [ʎe'ƀar]	tragen, bringen
Llevaba todas las bolsas en una mano.	Sie trug alle Tüten in einer Hand.
coger [kɔ'xɛr]	nehmen

INFOKASTEN

In den lateinamerikanischen Ländern sagt man für den Zug/Bus nehmen nicht *coger el tren/autobús*, sondern *tomar el tren/autobús*.

acabar [aka'ƀar]	gerade getan haben, zu Ende machen
empezar [empe'θar]	anfangen
moverse [mo'ƀɛrse]	sich bewegen
¡No te muevas! Tienes una avispa en el brazo.	Beweg dich nicht! Da ist eine Wespe auf deinem Arm.
convertirse en [kɔmbɛr'tirse en]	werden
Se convirtió en profesora.	Sie wurde Lehrerin.
recibir [rrɛθi'ƀir]	bekommen
Recibió una carta de su padre.	Sie bekam einen Brief von ihrem Vater.

dar [dar]	geben
dejar [de'xar]	lassen, zulassen, loslassen, leihen, verlassen

INFOKASTEN

Das Wort lassen hat im Deutschen verschiedene Bedeutungen. Lassen im Sinne von erlauben, zulassen drückt man im Spanischen am besten mit *dejar* aus: *Dejo a mi hijo que vaya al concierto de Pop.* Ich lasse meinen Sohn auf das Popkonzert gehen. Lässt man dagegen etwas von Dritten verrichten, verwendet man *ir a,* oft in Verbindung mit einem Reflexivpronomen beim Verb. *Voy a cortarme el pelo mañana.* Morgen lasse ich mir die Haare schneiden.

regresar [rrɛgre'sar]	zurückkommen
comenzar [komen'θar]	anfangen, beginnen
terminar [tɛrmi'nar]	aufhören, beenden
actuar [ak'twar]	handeln, sich aufführen
Actuó como un idiota.	Er führte sich wie ein Idiot auf.
intentar [inten'tar]	versuchen
elegir [elɛ'xir]	wählen
abrir [a'ƀrir]	öffnen
cerrar [θɛ'rrar]	schließen
coleccionar [kolɛkθĭo'nar]	sammeln
comparar [kɔmpa'rar]	vergleichen
confundir [kɔmfun'dir]	verwechseln, durcheinander bringen, verwirren
Siempre confunde todo.	Sie bringt immer alles durcheinander.
¡No me confundas!	Verwirr mich nicht!
continuar [kɔnti'nwar]	fortfahren, weitermachen
experimentar [esperimen'tar]	erleben
golpear [gɔlpe'ar]	schlagen
romper [rrɔm'pɛr]	brechen, zerbrechen
lanzar [lan'θar]	werfen
coger [kɔ'xɛr]	fangen
luchar [lu'tʃar]	kämpfen
sujetar [suxe'tar]	halten
guardar [gwar'đar]	halten, behalten
¿Puedes guardar un secreto?	Kannst du ein Geheimnis für dich behalten?
quedarse con [ke'đarse kɔn]	behalten
Quédese con el cambio.	Behalten Sie das Wechselgeld.
herir [e'rir]	verletzen

buscar [bus'kar]	suchen
Estoy buscando un nuevo trabajo.	Ich suche einen neuen Job.
encontrar [eŋkɔn'trar]	finden
esconder [eskɔn'dɛr]	verstecken
hacer [a'θɛr]	machen

INFOKASTEN

Das Fragepronomen *qué* in Verbindung mit *hacer* ist eine Möglichkeit, jemandem nach seinem Beruf zu fragen. Achtung! *Hacer* ist unregelmäßig!
(hacer = hago, haces, hace, hacemos, hacéis, hacen)

¿Qué haces? Soy enfermera.
Was machst du beruflich? Ich bin Krankenschwester.
¿Qué hace usted? Trabajo en un banco.
Was machen Sie beruflich? Ich arbeite in einer Bank.

encender [enθen'dɛr]	anmachen, einschalten
El niño está acostumbrado de dormir con la luz encendida.	Der Junge ist daran gewöhnt, bei eingeschaltetem Licht zu schlafen.
apagar [apa'gar]	ausmachen, ausschalten
Cuando salgas de una habitación, apaga la luz.	Schalte das Licht aus, wenn du einen Raum verlässt.
organizar [ɔrgani'θar]	organisieren
agitar [axi'tar]	schütteln
Agite la botella antes de abrirla.	Schütteln Sie die Flasche, bevor Sie sie öffnen.
brillar [bri'ʎar]	scheinen
parecer [pare'θɛr]	erscheinen
Parece estar muy seguro de sí mismo.	Er scheint sehr selbstbewusst zu sein.
tirar [ti'rar]	ziehen, (weg-)werfen
empujar [empu'xar]	schieben, drücken

INFOKASTEN

Ziehen oder drücken? Im Spanischen werden die Begriffe *tirar* und *empujar* verwendet um zu kennzeichnen, auf welche Weise eine Tür zu öffnen ist.

perder [pɛr'đɛr]	verlieren

HILFS- UND MODALVERBEN

ser [sɛr]	sein
estar [es'tar]	sein, sich (gesundheitlich, örtlich) befinden
¿Como estás?	Wie geht es dir?

INFOKASTEN

Ein paar nützliche Redewendungen mit dem Verb *estar:*

estar de más	überflüssig sein
estar en forma	fit sein
estar de pie	stehen
estar de broma	zum Scherzen aufgelegt sein
estar al día	auf dem Laufenden sein

haber [a'ƀɛr]	haben (nur bei zusammengesetzten Verbformen)
hay que ['ai ke]	man muss
no hay que [no 'ai ke]	man darf nicht
hay ['ai]	es gibt

INFOKASTEN

Die Form *hay* verwendet man, wenn man sich auf kein bestimmtes Objekt bezieht. Wird eine bestimmte Sache gemeint, verwendet man *está/n.*
¿Hay un banco por aquí? Gibt es hier eine Bank?

tener [te'nɛr]	haben
poder [po'đɛr]	können, dürfen

INFOKASTEN

Wenn man ausdrücklich darauf hinweisen will, dass man in der Lage bzw. fähig ist, etwas zu machen (im Sinne von können), verwendet man das Verb *saber. Sabe conducir.* Er kann fahren. *Mi marido no sabe cocinar.* Mein Mann kann nicht kochen.

deber [de'ƀer]	müssen, dürfen
No se lo debes decir a nadie.	Du darfst es niemandem sagen.
tener que [te'ner 'ke]	müssen
necesitar [neθesi'tar]	brauchen

FUNKTIONSWÖRTER

1. Präpositionen

a [a]	an, nach, zu, mit
en [en]	auf, in, mit
de [de]	von, aus
por [pɔr]	bei, mittels, per
Recibió los documentos por correo.	Er erhielt die Unterlagen per Post.
El libro fue escrito por Rafael Sánchez Ferlioso.	Das Buch wurde von Rafael Sánchez Ferlioso geschrieben.
para ['para]	für, wegen, bis, um zu
con [kɔn]	mit
sin [sin]	ohne
sobre ['soƀre]	über
a través de [a tra'ƀes de]	von, durch, mittels, per
de ... a [de ... a]	von ... bis
Tenemos abierto de lunes a viernes de 8h a 20h.	Wir haben von Montag bis Freitag von acht Uhr morgens bis acht Uhr abends geöffnet.
entre ['entre]	zwischen
No hay ninguna diferencia apreciable entre el original y la copia.	Es gibt keinen sichtbaren Unterschied zwischen dem Original und der Imitation.

2. Konjunktionen

y [i]	und

INFOKASTEN

Wenn *y* vor einem Wort steht, das mit dem Vokal *i* anfängt, dann wird es durch *e* ersetzt. *Hablo alemán e inglés.* Ich spreche Deutsch und Englisch.

o [o]	oder
pero ['pero]	aber, sondern

tan(to) ... como ['tanto ... 'komo]	sowohl ... als auch, genauso ... wie
Tanto el profesor como los padres protestaron en contra de la medida.	Sowohl die Lehrer als auch die Eltern protestierten gegen die Maßnahme.
José es tan guapo como su hermano.	José sieht genauso gut aus wie sein Bruder.
pues [pwes]	also (Füllwort), dann, daraufhin
si [si]	wenn, falls
Si llueve no vamos a la playa.	Falls es regnet, gehen wir nicht an den Strand.
cuando ['kwando]	wenn, als
Cuando llegó a casa se encontró el frigorífico vacío.	Als er nach Hause kam, fand er den Kühlschrank leer vor.
para ['para]	um zu
Para poder montar todas las piezas correctamente tienes que leer las instrucciones.	Um alle Teile richtig zu montieren, musst du die Anleitung lesen.
que [ke]	dass
por un lado ... por otro lado [pɔr un 'lađo ... pɔr 'otro 'lađo]	einerseits ... andererseits
Por un lado el coche es muy caro, por otro lado la calidad justifica el precio.	Einerseits ist das Auto sehr teuer, auf der anderen Seite rechtfertigt seine Qualität den Preis.
ni ... ni [ni ... ni]	weder ... noch
No quiero ni ir a su fiesta ni invitarle a la mía.	Ich will weder zu ihrer Party gehen noch sie zu meiner einladen.
o ... o [o ... o]	entweder ... oder
Vamos a Madrid o esta semana o la que viene.	Wir fahren entweder diese oder nächste Woche nach Madrid.
aunque ['aŭŋke]	obwohl, auch wenn
Aunque le pidió expresamente que fuera puntual llegó tarde.	Obwohl er sie ausdrücklich darum gebeten hatte pünktlich zu sein, kam sie zu spät.
porque ['pɔrke]	weil
Te lo digo porque te quiero.	Ich sage es dir, weil ich dich liebe.
sin embargo [sin em'bargo]	trotzdem

3. Fragewörter

quién [kĭen]	wer
¿Quién es el tío con el que estabas hablando?	Wer ist der Typ, mit dem du gerade geredet hast?
dónde ['dɔnde]	wo
¿Dónde están mis libros?	Wo sind meine Bücher?
¿De dónde eres?	Aus welcher Stadt bist du?
qué [ke]	was
¿Qué ha dicho?	Was hat sie gesagt?
¿Qué estas haciendo?	Was machst du gerade?
¿Qué tal?	Wie geht's?
cuándo ['kwando]	wann
¿Cuándo has llamado?	Wann hast du angerufen?
¿Hasta cuándo tienes vacaciones?	Bis wann hast du Urlaub?
por qué [pɔr 'ke]	warum, weshalb
¿Por qué no me lo has contado?	Warum hast du mir das nicht erzählt?
cómo ['komo]	wie
¿Cómo está tu madre?	Wie geht es deiner Mutter?
de quién [de 'kĭen]	wessen
¿De quién son estas llaves?	Wessen Schlüssel sind das hier?
cuál [kwal]	welche
¿Cuál de las dos camisas te gusta más?	Welches der beiden Hemden gefällt dir besser?
a quién [a 'kĭen]	wem
¿A quién has dado las llaves?	Wem hast du den Schlüssel gegeben?

INFOKASTEN

Im Spanischen haben einige Adverbien und Pronomen wie *que, quien, cuando, como, por que, donde* nur einen Akzent, wenn sie als Fragewörter benutzt werden.

Cuando vino ya era tarde.	Als er kam, war es schon spät.
¿Cuándo vino?	Wann kam er?
Le he dicho que estoy en tu casa.	Ich habe ihm gesagt, dass ich bei dir bin.
¿Qué te ha dicho tu madre?	Was hat dir deine Mutter gesagt?
Se llama como tú.	Sie heißt wie du.
¿Cómo te llamas?	Wie heißt du?

4. Pronomen

yo [jo]	ich
tú [tu]	du
él [ɛl]	er
ella ['eʎa]	sie
ello ['eʎo]	es
nosotros/as [no'sotros/-as]	wir
Nosotros estamos trabajando.	Wir arbeiten gerade.
vosotros/as [bo'sotros/-as]	ihr
ellos/as ['eʎos/-as]	sie
mi [mi]	mein, -e
tu [tu]	dein, -e
su [su]	sein, -e; ihr, -e; Ihr, -e
nuestro/a ['nwestro/-a]	unsere, -r, -s
vuestro/a ['bwestro/-a]	euer, eure
a mí [a mi]	mir, mich
A mí no me gusta.	Mir gefällt es nicht.
a ti [a ti]	dir, dich
a él [a 'ɛl]	ihm, ihn
a ella [a 'eʎa]	ihr, sie
a usted [a us'teđ]	Ihnen, Sie
a nosostros/as [a no'sotros/-as]	uns, wir
a vosotros/as [a bo'sotros/-as]	euch, ihr
a ellos/as [a 'eʎos/-as]	ihnen
me [me]	mir, mich
¿Me llevas a la estación?	Kannst du mich zum Bahnhof bringen?
te [te]	dir, dich
le [le]	ihm, ihr, ihn
nos [nɔs]	uns
os [ɔs]	euch
se [se]	Ihnen, man, sich
mismo/a ['mismo/-a]	selbst
Gracias por tu propuesta pero debo hacerlo yo mismo.	Danke für dein Angebot, aber ich muss das selber machen.
cada ['kađa]	jede, -r, -s (einzelne)
Cada uno recibe un regalo.	Jeder von euch erhält ein Geschenk.

unos a otros ['unos a 'otros]	einander, (sich) gegenseitig
Los estudiantes se ayudaban unos a otros con los deberes.	Die Studenten halfen sich gegenseitig bei den Hausaufgaben.
todo el mundo ['tođo el 'mundo]	jeder, alle
Todo el mundo vino a su fiesta.	Alle kamen zu seiner Party.
alguien ['algĭen]	jemand
¿Alguien sabe dónde está José?	Weiß jemand, wo José ist?
cualquiera [kwal'kĭera]	irgend jemand, jede, -r, -s, irgendeine
No es difícil. Cualquiera podría hacerlo.	Es ist nicht schwer, jeder könnte das machen.
nadie ['nađĭe]	niemand

INFOKASTEN

Nadie, nada, ningún und *ninguna* müssen immer mit Verneinung stehen. *No he visto a nadie.* Ich habe niemanden gesehen. *He hablado con él pero no me ha dicho nada.* Ich habe mit ihm gesprochen, aber er hat mir nichts gesagt. *No tengo ningún cigarrillo.* Ich habe keine Zigarette.

tal [tal]	solche, -r, -s
todo ['tođo]	alles
Ya te lo he cantado todo.	Ich habe dir schon alles erzählt.
algo ['algo]	etwas
¿Me quieres decir algo más?	Möchtest du mir noch etwas sagen?
nada ['nađa]	nichts

INFOKASTEN

Ein paar nützliche Redewendungen und Ausdrücke mit *nada*:

No tengo nada.	Ich habe nichts.
o todo, o nada	alles oder nichts
de nada	bitte sehr
quejarse por nada	sich wegen jeder Kleinigkeit beschweren
antes de nada	vor allem, insbesondere
nada de nada	überhaupt nichts
venir como de la nada	wie aus dem Nichts auftauchen

Übersicht über die verwendeten unregelmäßigen Verben

Infinitiv	Indikativ Präsens	Partizip Perfekt	Indikativ Indefinido	Indikativ Imperfekt
dormir	duermo	dormido	dormí	dormía
caber	quepo	cabido	cupe	cabía
caer	caigo	caído	caí	caía
conducir	conduzco	conducido	conduje	conducía
conocer	conozco	conocido	conocí	conocía
construir	construyo	construido	construí	construía
contar	cuento	contado	conté	contaba
dar	doy	dado	di	daba
decir	digo	dicho	dije	decía
dormir	duermo	dormido	dormí	dormía
enviar	envío	enviado	envié	enviaba
estar	estoy	estado	estuve	estaba
freír	frío	frito	freí	freía
haber	he	habido	hube	había
hacer	hago	hecho	hice	hacía
ir	voy	ido	fui	iba
oír	oigo	oído	oí	oía
oler	huelo	olido	olí	olía
pedir	pido	pedido	pedí	pedía
pensar	pienso	pensado	pensé	pensaba
poder	puedo	podido	pude	podía
poner	pongo	puesto	puse	ponía
querer	quiero	querido	quise	quería
reír	río	reído	reí	reía
saber	sé	sabido	supe	sabía
salir	salgo	salido	salí	salía
ser	soy	sido	fui	era
tener	tengo	tenido	tuve	tenía
venir	vengo	venido	vine	venía
ver	veo	visto	vi	veía

„FALSCHE FREUNDE"

Es gibt einige Begriffe, die im Spanischen genauso klingen wie im Deutschen, aber eine ganz andere Bedeutung haben. Auf einige wurde in den vorhergehenden Infokästen schon hingewiesen.
Hier noch weitere Beispiele:

agente ≠ Agent
agente = Vertreter, Polizist
Agent = **el espía**

ambulancia ≠ Ambulanz
ambulancia = Krankenwagen
Ambulanz = **el ambulatorio**

aparte ≠ apart, hübsch
aparte = abseits, beiseite
apart = **atractivo**

ayudante ≠ Adjutant
ayudante = Helfer
Adjutant = **el oficial adjunto**

batería ≠ Batterie
batería = Schlagzeug,
Batterie = **la pila**

blanco ≠ blank
blanco = weiß
blank = **reluciente**

bombón ≠ Bonbon
bombón = Praline
Bonbon = **caramelo**

bravo, -a ≠ brav
bravo, -a = wild, ungezähmt
brav = **bueno, -a**

concurso ≠ Konkurs
concurso = Wettbewerb
Konkurs = **quiebra**

demostración ≠ Demonstration
demostración = Beweisführung
Demonstration = **manifestación**

raqueta ≠ Rakete
raqueta = (Tennis-)Schläger
Rakete = **el misil**

refrán ≠ Refrain
refrán = Sprichwort
Refrain = **el estribillo**

saco ≠ Sakko
saco = Sack
Sakko = **la americana**

talla ≠ Taille
talla = Kleidergröße
Taille = **cintura**

REGISTER

B

C

D

E

F

G

H

I

J

N

O

P

Q

R

S

T

U

V

Y

Z